北京市语言文字培训测试丛书

新编普通话水平测试应试指南

范燕生　周海兵　主编
北京市语言文字工作委员会办公室　审定

首都师范大学出版社
CAPITAL NORMAL UNIVERSITY PRESS

图书在版编目(CIP)数据

新编普通话水平测试应试指南/范燕生,周海兵主编.—北京:首都师范大学出版社,2013.12(2014年11月重印)

ISBN 978-7-5656-1748-5

Ⅰ.①新… Ⅱ.①范… ②周… Ⅲ.①普通话—水平考试—自学参考资料 Ⅳ.①H102

中国版本图书馆CIP数据核字(2013)第306837号

北京市语言文字培训测试丛书

XINBIAN PUTONGHUA SHUIPING CESHI YINGSHI ZHINAN

新编普通话水平测试应试指南

范燕生　周海兵　主编

北京市语言文字工作委员会办公室　审定

责任编辑　陈　曦

首都师范大学出版社出版发行

地　　址　北京西三环北路105号

邮　　编　100048

电　　话　68418523(总编室)　68982468(发行部)

网　　址　www.cnupn.com.cn

北京集惠印刷有限责任公司印刷

全国新华书店发行

版　　次　2014年3月第1版

印　　次　2014年11月第3次印刷

开　　本　787mm×1092mm　1/16

印　　张　14.75

字　　数　211千

定　　价　30.00元

前　言

党的十八大报告指出“推广和规范使用国家通用语言文字”。为贯彻落实习近平总书记关于“讲述好中国故事，传播好中国声音”的重要指示，实现《国家中长期语言文字事业改革和发展规划纲要》提出的“到2020年，国家通用语言文字在全社会基本普及，国家语言实力显著增强，国民语言能力明显提高，社会语言生活和谐发展”的总体目标，北京市语言文字工作委员会把推广和普及普通话，不断推进和完善普通话水平测试工作，使之走上制度化、规范化、科学化的轨道，作为首都语言文字事业发展的重大任务。

《中华人民共和国宪法》规定：国家推广全国通用的普通话。《中华人民共和国国家通用语言文字法》规定：国家推广普通话，推行规范汉字。推广和普及普通话，对于维护国家统一和增强民族团结、对于促进改革开放和市场经济的发展、对于提高全民族文化素质和建设社会主义文化强国，都具有极其重要的意义。

普通话水平测试是推广和普及普通话的重要举措，北京市语委从1994年开始开展普通话水平测试工作，目前已累计测试60万人次，测试范围不断扩大，测试人数逐年攀升，测试工作网络日趋完善。从2012年开始，北京市全面开展了计算机辅助普通话水平测试工作。为适应计算机测试方式，帮助大家学习普通话并能顺利地通过普通话水平测试，我们依据国家语委编制的《普通话水平测试实施纲要》，并结合北京地区的实际，在总结多年普通话水平测试经验的基础上，对2010年版的《普通话水平测试应试指南》进行了全面修订，形成《新编普通话水平测试应试指南》。

《新编普通话水平测试应试指南》文字表述简明扼要、训练内容丰富新颖、应试策略实用有效，具有以下三个特点：一是在内容上加强了对北京语音的针对性。通过大量实例，从声母、韵母、声调等方面对北京方音进行辨正，使大家了解北京话和普通话的区别，从而提高语音标准程度；同时，从考生应试常见错误类型切入，突出了重点和难点，更注重理论联系实际。二是在词语训练安排上突出了实用性。在涵盖全部声母、韵母、声调练习的基础上，侧重选择应试人测试中的失误实例，力求避免失误的重复发生，实用性更强。三是在结构上强调了合理性。对原版指南作了重大调整，取消专门词表，篇幅压缩30%，更便于使用和携带。

本书共分四个部分，随书附学习卡，可供在线学习、模拟测试等。本书还附有朗读训练示范光盘。

我们诚请广大读者提出继续完善本书的意见和建议。

编　者

二〇一四年三月

目　　录

第一部分

普通话水平测试概述

一、普通话的定义

普通话是现代汉民族的共同语，也是中华民族大家庭的通用语言。普通话以北京语音为标准音、以北方话为基础方言、以典范的现代白话文著作为语法规范，是现代汉语的标准形式。普通话的“普通”是“普遍共通”的意思。明清时期称汉民族共同语为“官话”，民国时期称之为“国语”，新中国成立后称之为“普通话”。

1982 年修订的《中华人民共和国宪法》第十九条第五款规定：“国家推广全国通用的普通话。”2000 年发布的《中华人民共和国国家通用语言文字法》第二条规定：“本法所称的国家通用语言文字是普通话和规范汉字。”第三条则明确规定“国家推广普通话”，使推广普通话工作从行政行为上升为法律行为。

推广国家通用语言——普通话，是国家推进改革开放和发展市场经济的历史需要，是向工业化、信息化社会迈进的必由之路，是提升民族文化素质的基础工程。

二、开展普通话水平测试的意义

国家推广普通话的工作方针是“大力推行，积极普及，逐步提高”，推广普通话的工作思路是“以城市为中心，以学校为基础，以党政机关为龙头，以广播电视等新闻媒体为榜样，以公共服务行业为窗口，带动全社会推广普及普通话”。为实现“本世纪中叶在全国范围内普及普通话”的目标，国家以“目标管理、量化评估”、“普通话水平测试”和“全国推广普通话宣传周活动”为基本措施，使推广普通话工作逐步走向制度化、规范化、科学化。

三、普通话水平测试的对象

《国家通用语言文字法》第十九条规定：“凡以普通话作为工作语言的岗位，其工作人员应当具备说普通话的能力。以普通话作为工作语言的播音员、节目主持人和影视话剧演员、教师、国家机关工作人员的普通话水平，应当分别达到国家规定的等级标准；对尚未达到国家规定的普通话等级标准的，分别情况进行培训。”2003 年 5 月发布的第 16 号教育部令《普通话水平测试管理规定》第十五条规定：“应接受测试的人员为：(1)教师和申请教师资格的人员；(2)广播电台、电视台的播音员、节目主持人；(3)影视话剧演员；(4)国家机关工作人员；(5)师范类专业、播音与主持艺术专业、影视话剧表演专业以及其他与口语表达密切相关专业的学生；(6)行业主管部门规定的其他应该接受测试的人员。”第十七条说：“社会其他人员可自愿申请接受测试。”

四、普通话水平测试的方式和内容

普通话水平测试采用口试方式。除报名参加一级甲等测试的应试人及视障人士外，北京市普通话水平测试均采用计算机辅助测试方式。测试的内容包括有文字凭借和没有文字凭借的两部分。有文字凭借的测试项分别检测应试人的普通话语音的标准程度以及阅读理解与朗读的水平；无文字凭借的说话部分，评估应试人在普通话应用时达到的规范水平。

依据教育部、国家语委发布的《普通话水平测试大纲》和国家语委普通话培训测试中心制定的《普通话水平测试实施纲要》，并结合北京市的实际情况，北京市语委确定本市的普通话水平测试试卷由 4 个部分构成，满分为 100 分，具体内容如下：

1. 读单音节字词(100 个音节，不含轻声、儿化音节)，限时 3.5 分钟，共 10 分。目的是测查应试人声母、韵母、声调的读音标准程度。

2. 读多音节词语(100 个音节)，限时 2.5 分钟，共 20 分。目的是测查应试人声母、韵母、声调及变调、轻声、儿化的读音标准程度。

3. 朗读短文(1 篇，400 个音节)，限时 4 分钟，共 30 分。目的是测查应试人使用普通话朗读书面作品的水平。在测查声母、韵母、声调读音标准程度的同时，重点测查应试人连读音变、停连、语调以及流畅的程度。

4. 命题说话，限时3分钟，共40分。目的是测查应试人在无文字凭借情况下，说普通话的水平，重点测查其语音标准程度、词汇语法规范程度和自然流畅程度。

五、普通话水平测试的等级标准

国家语委1997年公布的《普通话水平测试等级标准（试行）》规定普通话水平划分为三个级别，每个级别划分两个等次。测试满分为100分，应试人得分对应的等级如下：

100分≥一级甲等≥97分；　97分＞一级乙等≥92分；

92分＞二级甲等≥87分；　87分＞二级乙等≥80分；

80分＞三级甲等≥70分；　70分＞三级乙等≥60分。

六、普通话水平测试的报名

1. 登录普通话水平测试在线报名系统

http：//220.178.24.81/PSCWBJ/Web/signuponline；

2. 点击“我要报名”（如图1所示）；

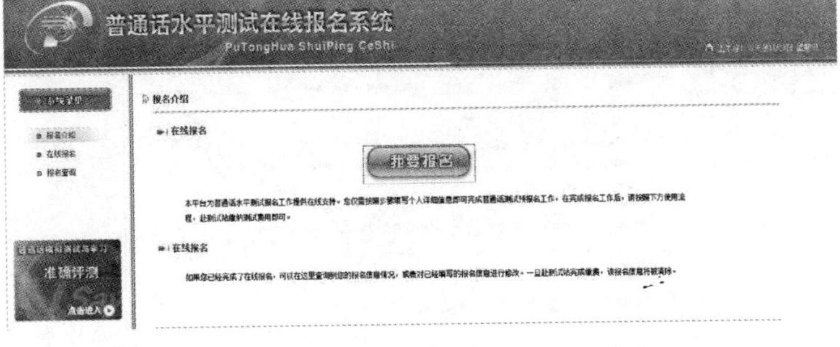

图1

3. 进入“城市选择”页面，选择“北京市”，点击“下一步”（如图2所示）；

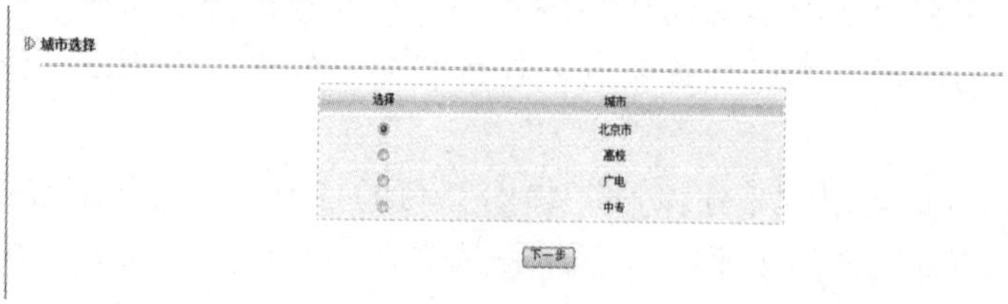

图 2

4. 进入“测试站点选择”页面，选择所要报名的测试站点，查看“报名注意事项”，点击“报名”(如图 3 所示)；

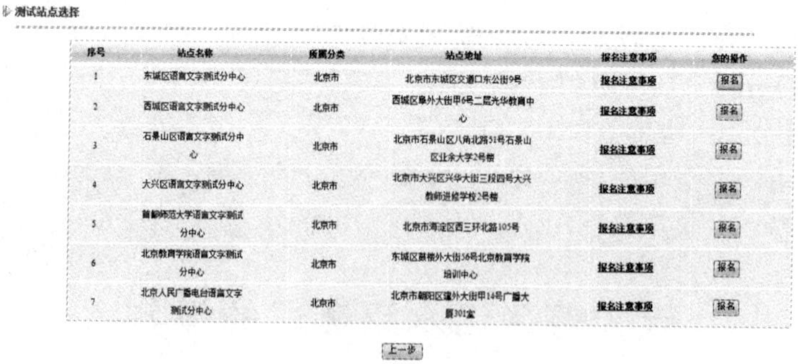

序号	站点名称	所属分类	站点地址	报名注意事项	您的操作
1	东城区语言文字测试分中心	北京市	北京市东城区交道口东公街9号	报名注意事项	报名
2	西城区语言文字测试分中心	北京市	西城区阜外大街甲6号二层光华教育中心	报名注意事项	报名
3	石景山区语言文字测试分中心	北京市	北京市石景山区八角北路51号石景山区业余大学2号楼	报名注意事项	报名
4	大兴区语言文字测试分中心	北京市	北京市大兴区兴华大街三段四号大兴教师进修学校2号楼	报名注意事项	报名
5	首都师范大学语言文字测试分中心	北京市	北京市海淀区西三环北路105号	报名注意事项	报名
6	北京教育学院语言文字测试分中心	北京市	东城区鼓楼外大街56号北京教育学院培训中心	报名注意事项	报名
7	北京人民广播电台语言文字测试分中心	北京市	北京市朝阳区建外大街甲14号广播大厦301室	报名注意事项	报名

图 3

5. 进入“报名信息填写”页面，根据要求完整填写个人信息，并提交电子照片(如图 4 所示)；

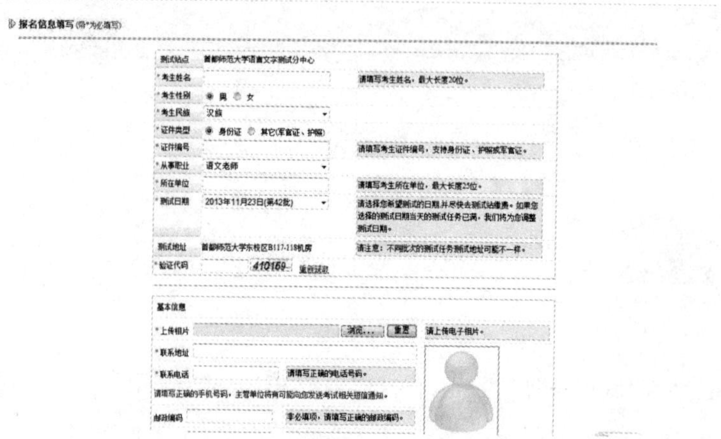

图 4

电子照片基本要求：标准证件照；jpg 或 jpeg 格式；照片比例建议为 390×567 像素(宽×高)；照片文件大小必须小于 1M；建议考生照片的背景色为白色或蓝色；

6. 进入“报名成功”页面(如图 5 所示)；

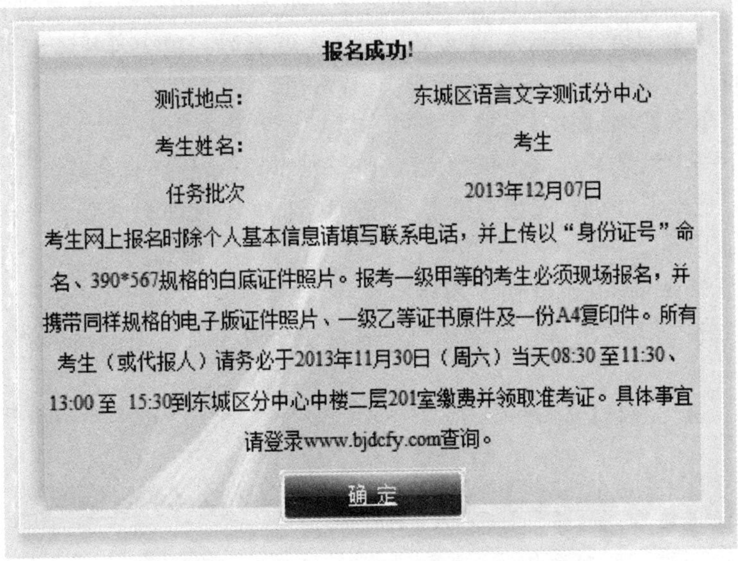

图 5

7. 根据页面提示，在规定时间规定地点现场确认、缴费、领取准考证。报名正式生效。

七、普通话水平测试的流程

目前，北京市普通话水平测试有两种方式：一种是人工测试(只面对报考一级甲等的应试人及视障人士)，另一种是计算机辅助测试(面向除报考一级甲等及视障人士外的全部应试人)。

人工测试的流程是：应试人持准考证和有效身份证件按时到达指定地点，经查验无误后，根据工作人员的安排，领取试题。应试人到达指定座位备测，10 分钟后，听从工作人员的指令，进入测试室。测试室内有两名测试员，测试时只允许 1 名应试人在场。测试员对应试人身份核对无误后，引导应试人进入测试程序。应试人先报出姓名、工作单位和试卷编号，然后依次朗读试卷各项内容。说话满 3 分钟时，测试员示意应试人停止，测试即告结束。测试全程录音，以备复审。

计算机辅助测试的流程是：应试人持准考证和有效身份证件按时到达指定地点，根据工作人员的安排，领取试题，应试人领到的试题上已经给定测试所用各项内容。应试人到达指定座位备测，约 10 分钟后，听从工作人员的指令，进入测试室。应试人就座后，戴上耳机，按照计算机屏幕上的提示，完成“考生登录”、核对信息、试音程序。开始考试后，应试人依次朗读试卷，完成一题可直接点击屏幕右下角的“下一题”按钮进入下一项测试，应试人依次完成 4 道试题后，系统会自动跳转至“考试完成，请摘下耳机，安静离开考场”的对话框，测试即告结束。具体测试流程如下：

1. 佩戴耳机(如图 6、7 所示)

(1)应试人就座后，戴上耳机，并将话筒置于口腔左侧前方 2～3 厘米处；

(2)戴好耳机后，点击“下一步”按钮继续，考试过程中无须用手扶着话筒。

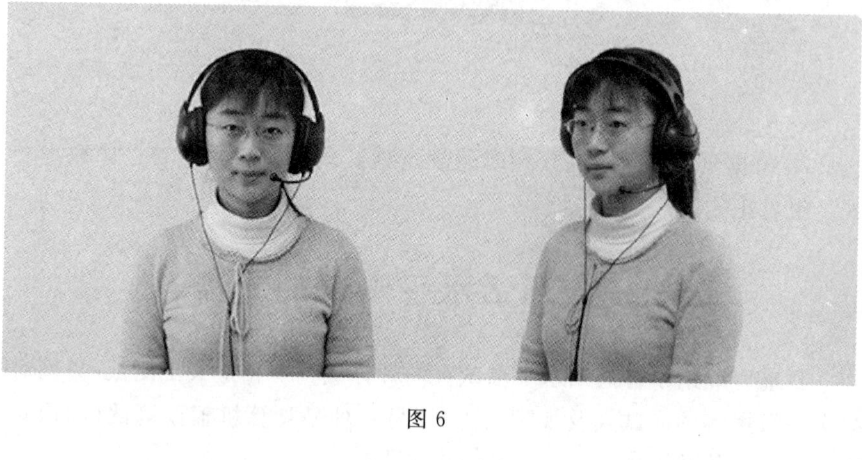

图 6

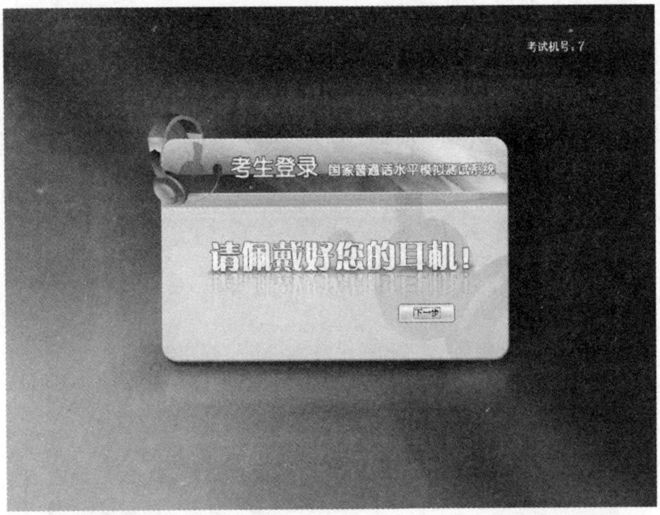

图 7

2. 应试人登录(如图 8 所示)

(1)点击“下一步”后，系统会进入“考生登录”页面。应试人按照系统提示，在页面输入框中输入准考证号码后 4 位；

(2)点击“进入”按钮继续；

(3)如果输入有误，点击“修改”按钮，重新输入。

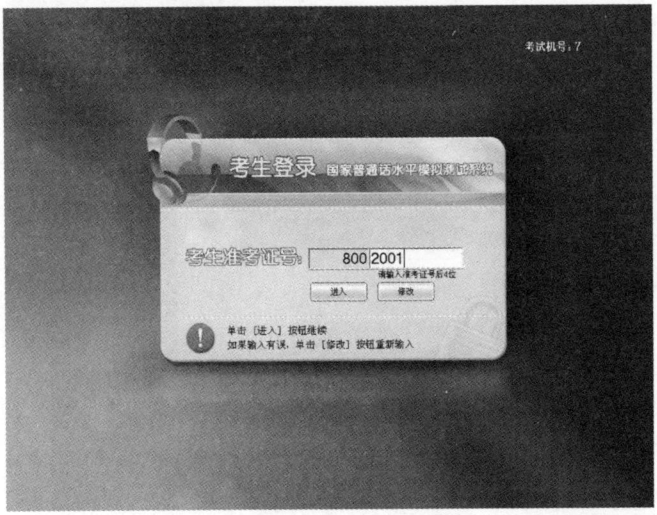

图 8

3. 核对信息(如图9所示)

(1)点击“进入”后，系统会进入核对信息页面，需仔细核对个人信息；

(2)如信息无误，点击“确定”按钮继续；

(3)如准考证号码有误，点击“返回”按钮重新登录；

(4)如姓名有误，联系监考员更改。

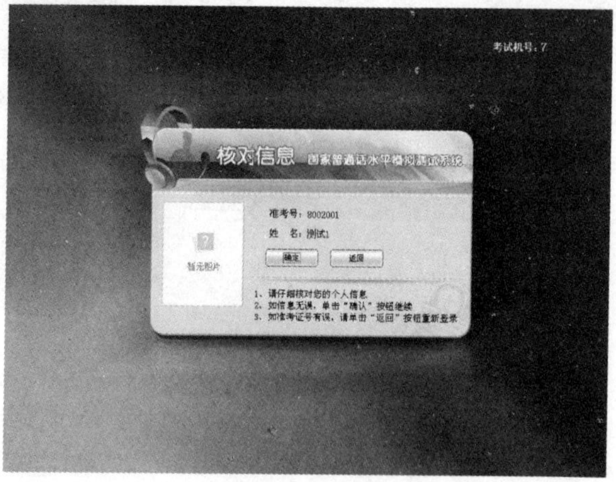

图9

4. 等待考试指令(如图10所示)

(1)点击“确定”后，系统会弹出“等待考试指令”字样；

(2)此时应试人不需任何操作，只需耐心等待即可。

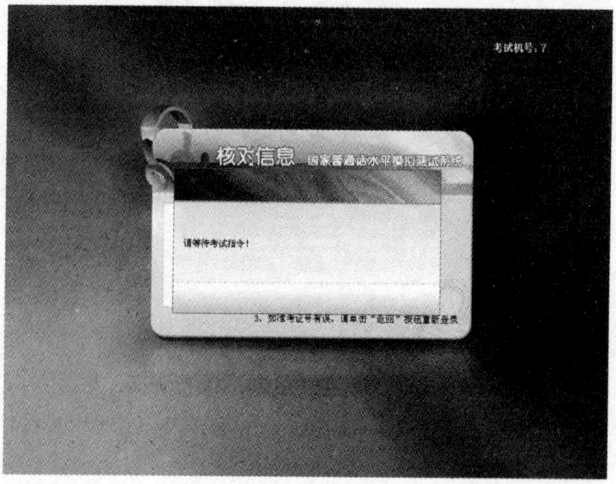

图10

5. 开始试音

(1)系统会自动跳转至试音页面(如图 11 所示);

(2)应试人在提示语结束并听到“嘟”的一声后，用正常说话的音量和语速朗读主屏中出现的试音内容;

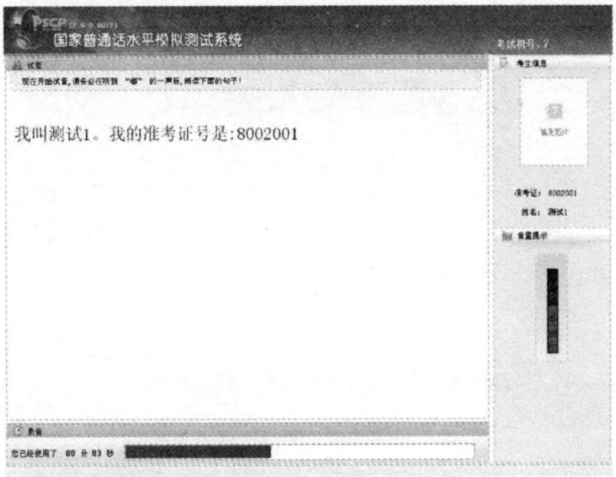

图 11

(3)系统会自动调节，以适应应试人的音量，应试人不需做任何操作;

(4)如果试音失败，系统会再给应试人一次试音机会，应试人按照提示，点击“确定”按钮后继续第二次试音，此时应试人根据提示调整音量，以确保试音成功(如图 12 所示);

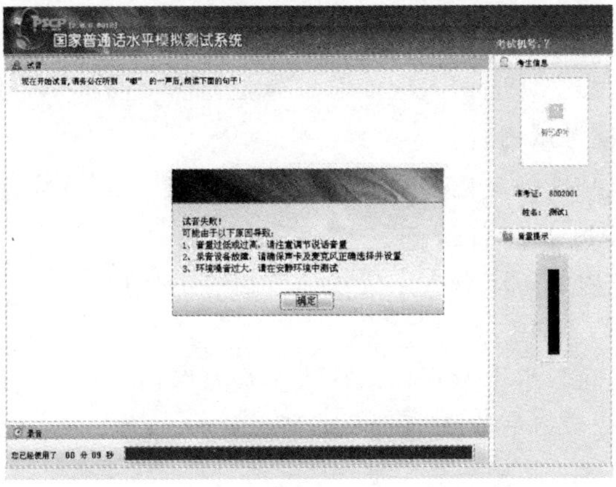

图 12

(5)如果试音成功，系统会自动跳转至“试音成功，请等待考试指令”的对话框，应试人此时只需耐心等待，不需做任何操作(如图 13 所示)。

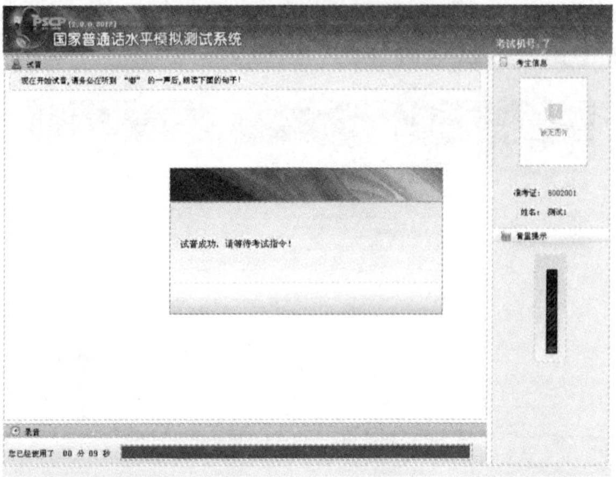

图 13

6. 开始测试

提示：

(1)普通话水平测试共有 4 道题目，系统会依次显示各项内容，应试人只需根据屏幕显示的试题内容进行测试；

(2)每项试题前都有一段语音提示，在提示语结束并听到“嘟”声后，再开始测试；

(3)测试过程中，应做到吐字清晰，语速适中，音量同试音时保持一致；

(4)测试过程中，应试人应注意屏幕下方的时间提示，确保在规定的时间内完成每项考试内容；

(5)如完成某项测试内容后，时间有余，请点击屏幕右下角的“下一题”按钮，进入下一道试题；

(6)测试过程中，应试人不要说试卷以外的任何内容，以免影响测试成绩；

(7)如有疑问，举手示意，工作人员会及时前来解答。

第一题：读单音节字词(如图 14 所示)

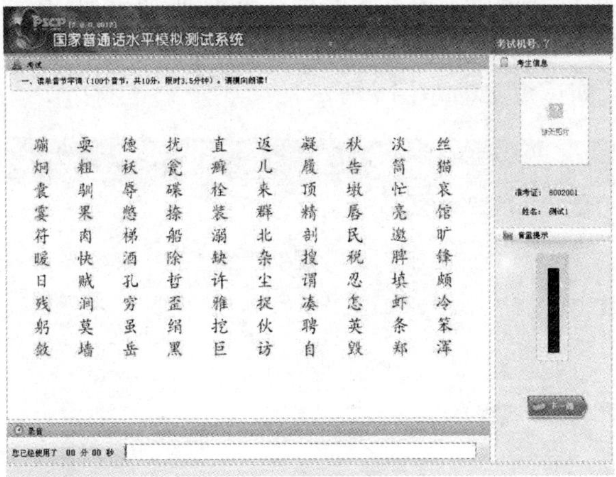

图 14

(1)请在提示语结束并听到“嘟”的一声后，开始测试；

(2)应试人应横向依次朗读单音节字词；

(3)全部朗读结束后，请点击屏幕右下角的“下一题”按钮，进入下一道试题。

第二题：读多音节词语(如图 15 所示)

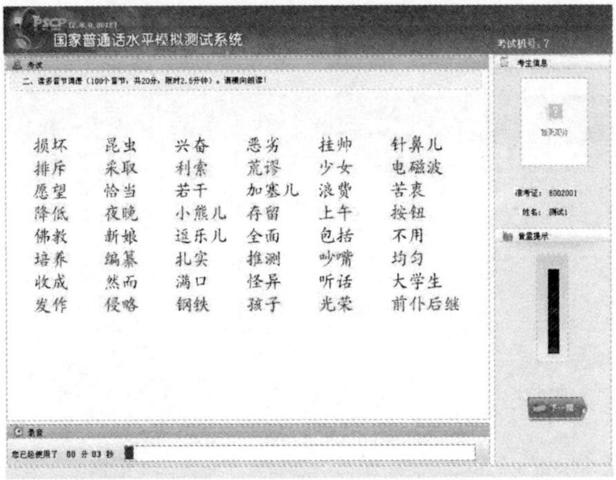

图 15

(1)请在提示语结束并听到“嘟”声后，开始测试；

(2)应试人应横向依次朗读多音节词语；

(3)全部朗读结束后，请点击屏幕右下角的“下一题”按钮，进入下一道试题。

第三题：朗读短文(如图 16 所示)

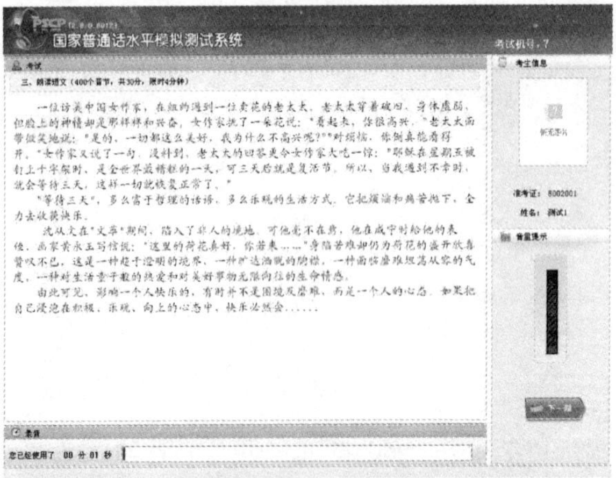

图 16

(1)请在提示语结束并听到“嘟”声后，开始测试；

(2)全部朗读结束后，请点击屏幕右下角的“下一题”按钮，进入下一道试题。

第四题：命题说话(如图 17 所示)

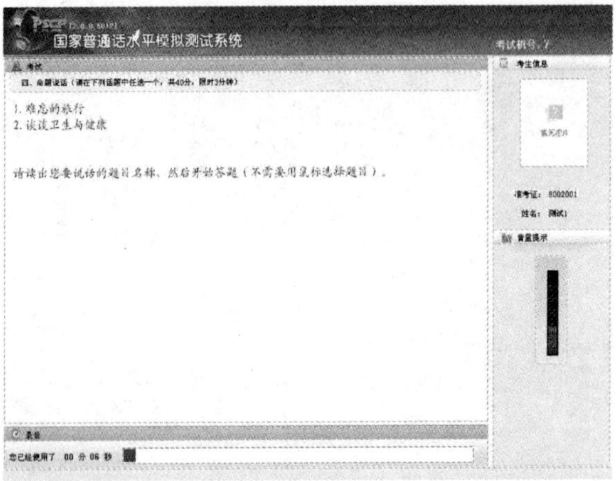

图 17

(1)请在提示语结束并听到“嘟”声后，开始测试；

(2)测试开始后，请先读出所选说话的题目名称。如：我选择的话题是“难忘的旅行”。不需要用鼠标选择题目；

(3)本题必须说满 3 分钟，请按照屏幕下方的时间提示把握时间；

(4)说话满 3 分钟后，系统会自动保存测试内容。

7. 结束考试(如图 18 所示)

(1)应试人依次完成 4 道试题后，系统会自动跳转至“考试完成，请摘下耳机，安静离开考场”对话框；

(2)应试人按照提示，摘下耳机，放在桌上，然后离开测试室。

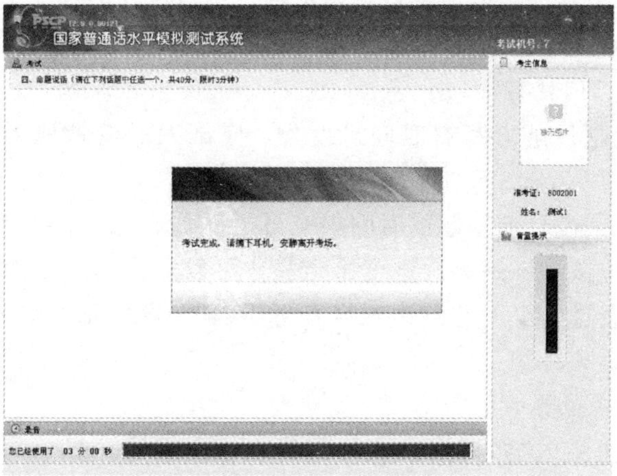

图 18

八、普通话水平测试机测注意事项

1. 关于备测时间

“机辅测试”同人工测试一样，会有 10 分钟左右的时间让应试人在备测室作测前准备。此时，应试人应充分利用时间。建议应试人首先利用 6 分钟左右的时间浏览并默读前三题，然后用 4 分钟左右的时间构思并默说一遍说话题目。

2. 关于音量

(1)测试时应该采用正常音量(即两三个人之间正常交谈的音量)。

(2)从试音到整个考试过程音量应保持一致。切记声音不可忽大忽小。

3. 关于语速

考试时应保持适当的语速，逐字逐句朗读、吐字清晰。既不要读得太快，字与字、词与词之间没有停顿，也不要读得太慢、太拖沓。

4. 关于重读

在第一题和第二题中，如认为个别字词第一遍读错，可重读。计算机系统会自动识别。

5. 关于第四题“命题说话”的要求

(1)命题说话的时间应说满3分钟，不足3分钟要被扣分。

(2)命题说话的内容应围绕选定话题，不得说与话题无关的内容，不得朗读书面稿。

6. 关于时间把握

(1)每道题目下方都有时间进度条，应试人能清晰地了解每道题的用时。

(2)一般来说，前三题的时间很充裕，每项读完通常都会有富余的时间。这时，应试人不用等待进度条走完，可以点击右下方的“下一题”按钮，系统便会进入下一题测试。只有第四题“命题说话”这一项，一定要说满三分钟。

7. 关于环境影响

(1)“机辅测试”如果安排在开放的语音室或计算机机房进行。考试时，难免听到别人的声音。这时，应试人要调整状态，专注于自己的考试，不受别人干扰。

(2)测试选用的话筒能屏蔽别处的声音，因此，别人的声音不会录进你的计算机里，并不会影响成绩。

8. 关于系统的操作

(1)“机辅测试”系统的操作十分简便，测试时只要按提示操作即可。

(2)不要随意按动其他按钮，也不要拉扯各种连接线，以防出现意外。

9. 关于意外情况的处理

测试时如遇设备故障问题，应试人应保持冷静，再举手示意，监考员会及时前来处理。如非应试人本人造成的测试失败，监考员一般会安排重新进行测试。此时，应试人应迅速调整心态，以良好的状态再次进行测试。

九、计算机模拟测试和学习平台

畅言网(www.isay365.com)是安徽科大讯飞信息科技股份有限公司开发的普通话水平在线智能模拟测试与学习平台。

本书为应试人赠送一张“普通话水平测试应试指南网上学习测试卡”，为应试人免费提供全真模拟测试一次、在线学习15天的服务。通过在线学习，应试人可以体验“机辅测试”的流程，适应真实的测试环境。同时，应试人还可以获得系统为模拟测试者提供的测试诊断报告，针对诊断报告进行15天的强化训练，以了解和纠正自己在普通话水平测试中存在的问题，争取在正式测试中取得较好的成绩。

十、北京市普通话水平测试实施机构

北京市语言文字测试中心隶属于北京市语言文字工作委员会，办公地点设在首都师范大学，接受北京市语言文字工作委员会办公室的行政管理和国家语言文字测试机构的业务指导，是负责北京市普通话水平测试、汉字应用水平测试等相关语言文字类测试项目及其科学研究工作的专门机构。北京市语言文字测试中心所辖的语言文字测试分中心是全市普通话水平测试的具体实施机构。

应试人可以登录北京市语言文字测试中心网站查询相关信息(http://yuce.cnu.edu.cn)。

单　　位	地　　址	联系电话	面向人群
北京市语言文字测试中心	海淀区西三环北路83号首都师范大学北一区综合楼503室	68903424	集体报名人员
东城区语言文字测试分中心	东城区交道口东公街9号东城区教师研修中心	84011129	本区各类人员
西城区语言文字测试分中心	西城区广安门内大街165号翔达大厦2103	66200497	本区各类人员

续表

单　位	地　址	联系电话	面向人群
朝阳区语言文字测试分中心	朝阳区西坝河中里11号朝阳区教育人才分中心	85961950	本区各类人员
海淀区语言文字测试分中心	海淀区北四环中路271号中关村学院	62347020 62347024	本区各类人员
丰台区语言文字测试分中心	丰台区望园东里23号	83820578	本区各类人员
石景山区语言文字测试分中心	石景山区八角北路51号	68825355	本区各类人员
通州区语言文字测试分中心	通州区东关上园175号通州区教师研修中心	52113013	本区各类人员
大兴区语言文字测试分中心	大兴区兴华大街三段15号大兴区行政服务中心教委窗口	81296345	本区各类人员
房山区语言文字测试分中心	房山区良乡广阳西路2号房山区成人教育中心	61359193	本区各类人员
门头沟区语言文字测试分中心	门头沟区城子桥东街17号门头沟区教师进修学校	69843314－8110	本区各类人员
昌平区语言文字测试分中心	昌平区鼓楼南街7号	69729422	本区各类人员
顺义区语言文字测试分中心	顺义区中山西街31号顺义区教育研究考试中心	69421976－8072	本区各类人员
平谷区语言文字测试分中心	平谷区岳各庄村北	89982498	本区各类人员
怀柔区语言文字测试分中心	怀柔区小中富乐一区188号北京京北职业技术学院	89683830	本区各类人员
密云县语言文字测试分中心	密云县新南路103号密云县教委	69178021	本县各类人员

续表

单　　位	地　　址	联系电话	面向人群
延庆县语言文字测试分中心	延庆县高塔街51号	69178021	本县各类人员
北京师范大学 语言文字测试分中心	海淀区新街口外大街19号北京师范大学教四楼四层	58803690	本校人员
首都师范大学 语言文字测试分中心	海淀区阜城门外白堆子甲23号院首都师范大学东校区教学楼B116室	68902814 68902823 68902821	本校及社会人员
北京语言大学 语言文字测试分中心	海淀区学院路15号北京语言大学教师进修学院	82303577	本校人员
首都体育学院 语言文字测试分中心	海淀区北三环西路11号首都体育学院教务处	82099023	本校人员
北京联合大学师范学院 语言文字测试分中心	朝阳区安定门外外馆斜街5号北京联合大学师范学院教务处	64269779	本校人员
北京教育学院 语言文字测试分中心	东城区鼓楼外大街56号北京教育学院培训中心	84128686 84120663	社会人员
中华女子学院 语言文字测试分中心	朝阳区育慧东路1号中华女子学院儿童发展与教育学院	84659600	本校人员
中国传媒大学 语言文字测试分中心	朝阳区定福庄东街1号中国传媒大学普通话培训测试中心	65779252	本校人员
北京人民广播电台语言文字测试分中心	朝阳区建国门外大街甲14号广播大厦301室	65674445—8002	广电系统及社会人员

续表

单　　位	地　　址	联系电话	面向人群
北京教育科学研究院语言文字测试分中心	朝阳区劲松西口金帆宾馆406室北京教科院培训中心	67795988	暂未开展
铁道部党校语言文字测试分中心	海淀区北太平庄路27号铁道部党校研修培训中心	51949915	暂未开展
北京教育音像报刊总社语言文字测试分中心	西城区白广路18号北京教育音像报刊总社	83552131	暂未开展
中央财经大学语言文字测试分中心	海淀区学院南路39号中央财经大学教学技术服务中心	62289020	本校人员
中央民族大学语言文字测试分中心	海淀区中关村南大街27号中央民族大学考试中心	68932439	本校人员
北京青年政治学院语言文字测试分中心	朝阳区花家地街9号	84778269	本校人员
北京电子科技职业学院语言文字测试分中心	朝阳区太阳宫路芍药居甲1号	84642975	本校人员
北京市高校毕业生就业指导中心语言文字测试分中心	海淀区增光路45号院东门	88560566	暂未开展
北京华文学院语言文字测试分中心	昌平区七北路69号	80709681	本校人员
北京京北职业技术学院语言文字测试分中心	怀柔区小中富乐一区188号北京京北职业技术学院	89683830	本校人员
北京吉利大学语言文字测试分中心	昌平区马池口北京吉利大学基础部	60755343	本校人员
北京市盲人学校语言文字测试分中心	海淀区五路居11号	88461146	本市视障人士

附

国家普通话水平测试样卷

一、读单音节字词(100 个音节，共 10 分，限时 3.5 分钟)

沟	懂	胸	茶	标	俗	粉	谬	期	爸
毛	笨	您	屡	仓	踱	训	菊	府	斜
艘	暖	憋	草	圣	稳	团	婚	裤	云
字	王	绕	痒	赚	羹	窘	瞒	秒	恩
彻	袍	沈	科	壤	庄	略	潜	北	旷
牙	摄	培	要	贤	此	固	耳	吹	掉
领	税	颁	案	绒	醉	捐	聂	准	隶
吼	霜	凤	圆	浆	摸	跳	典	挪	增
直	抓	月	揪	淮	伞	批	海	擎	下
寝	酸	台	擦	堂	歪	脸	趋	破	吃

二、读多音节词语(100 个音节，共 20 分，限时 2.5 分钟)

灭亡	创造	婴儿	障碍	蜗牛	为了	眉头
状况	玩意儿	准许	农村	将来	窘迫	难怪
自治区	月球	画卷	人群	日渐	商品	饭盒儿
报名	抖擞	稀罕	打开	佛寺	簇拥	非常
特别	小气	虐待	悲惨	率领	增强	恰好
找茬儿	天鹅	数量	条款	软骨	牌楼	封锁
挂念	门洞儿	红军	濒于	地下水	新陈代谢	

三、朗读短文（400个音节，共30分，限时4分钟）

生命在海洋里诞生绝不是偶然的，海洋的物理和化学性质，使它成为孕育原始生命的摇篮。

我们知道，水是生物的重要组成部分，许多动物组织的含水量在百分之八十以上，而一些海洋生物的含水量高达百分之九十五。水是新陈代谢的重要媒介，没有它，体内的一系列生理和生物化学反应就无法进行，生命也就停止。因此，在短时期内动物缺水要比缺少食物更加危险。水对今天的生命是如此重要，它对脆弱的原始生命，更是举足轻重了。生命在海洋里诞生，就不会有缺水之忧。

水是一种良好的溶剂。海洋中含有许多生命所必需的无机盐，如氯化钠、氯化钾、碳酸盐、磷酸盐，还有溶解氧，原始生命可以毫不费力地从中吸取它所需要的元素。

水具有很高的热容量，加之海洋浩大，任凭夏季烈日曝晒，冬季寒风扫荡，它的温度变化却比较小。因此，巨大的海洋就像是天然的“温箱”，是孕育原始生命的温床。

阳光虽然为生命所必需，但是阳光中的紫外线却有扼杀原始生命的危险。水能有效地吸收紫外线，因而又为原始生命提供了天然的“屏障”。

这一切都是原始生命得以产生和发展的必要条件。//

四、命题说话（请在下列话题中任选一个，共40分，限时3分钟）

1. 难忘的旅行

2. 谈谈卫生与健康

第二部分

普通话语音练习

一、声母练习

(一)声母解读

1. 声母：声母是音节开头的辅音。普通话有 21 个声母(包含零声母则一共有 22 个)。有的音节以元音开头(如“昂 áng”、“文 wén”、“英 yīng”、“月 yuè”)，没有辅音声母，在进行音节分析和拼音教学时，为了称说方便，就把这种音节叫做零声母音节。

2. 声母分类

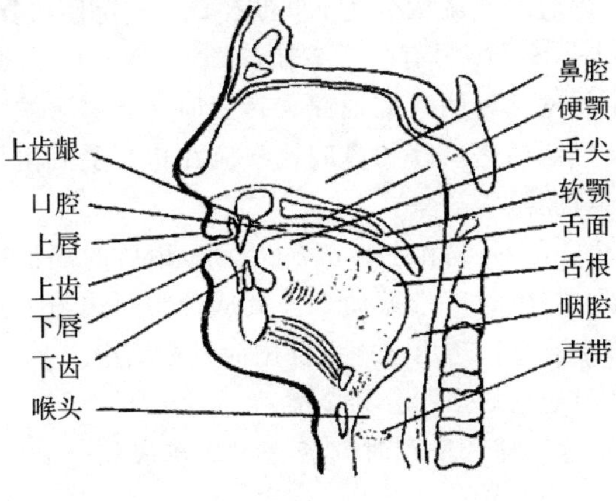

主要发音器官图

声母按照发音部位可以分为 7 类：

(1)双唇音 3 个：b、p、m。上唇和下唇闭合构成阻碍。

(2)唇齿音 1 个：f。下唇和上齿靠拢构成阻碍。

(3)舌尖前音 3 个：z、c、s。舌尖向上齿背接触或接近构成阻碍(也叫“平舌音”)。

(4)舌尖中音 4 个：d、t、n、l。舌尖和上齿龈接触构成阻碍。

(5)舌尖后音 4 个：zh、ch、sh、r。舌尖向硬腭的前端接触或接近构成阻碍(也叫“翘舌音”)。

(6)舌面前音 3 个：j、q、x。舌面前部向硬腭前部接触或接近构成阻碍。

(7)舌面后音 3 个：g、k、h。舌根向硬腭和软腭的交界处接触或接近构成阻碍(也叫“舌根音”)。

声母按照发音方法可以分为 5 类：

(1)塞音 6 个：b、p、d、t、g、k。成阻时发音部位完全形成闭塞；持阻时气流积蓄在阻碍的部位之后；除阻时受阻部位突然解除阻塞，使积蓄的气流突然爆发成声。

(2)塞擦音 6 个：j、q、zh、ch、z、c。以塞音开始，以擦音结束。由于塞擦音的塞和“擦”是同部位的，塞音的除阻阶段和擦音的成阻阶段融为一体。

(3)擦音 6 个：f、h、x、sh、s、r。成阻时发音部位之间接近，形成适度的间隙；持阻时，气流从窄缝中间摩擦成声；除阻时发音结束。

(4)鼻音 2 个：m、n(另有一个鼻辅音 ng 不做声母只做韵尾)。成阻时发音部位完全闭塞，封闭口腔通路；持阻时，软腭下垂，打开鼻腔通路，声带振动，气流到达口腔和鼻腔，气流在口腔受到阻碍，由鼻腔透出成声；除阻时口腔阻碍解除。

(5)边音 1 个：l。舌尖和上齿龈(上牙床)稍后的部位接触，使口腔中间的通道阻塞；持阻时声带振动，气流从舌头两边与上腭两侧、两颊内侧形成的夹缝中通过，透出成声；除阻时发音结束。

声母按发音时送气的强弱分为 2 类：

(1)送气音：这类辅音发音时气流送出比较快和明显，形成送气音，如：p、t、k、c、ch、q。

(2)不送气音：发辅音时气流弱的叫不送气音：b、d、g、z、zh、j。

声母按照发音时声带振动与否又可分为清音、浊音两类。除了 m、n、l、r 为浊音外，其余 17 个声母都是清音，它们是：b、p、f、d、t、g、k、h、j、q、x、zh、ch、sh、z、c、s 。

(二)声母难点音练习

1. 舌尖前音(平舌音)、舌尖后音(翘舌音)

(1)辨析

舌尖前音发音时舌尖向上齿背接触或接近(平舌)构成阻碍，舌尖后音发音时舌尖翘起向硬腭的前端接触或接近(翘舌)构成阻碍。

z、c、s、zh、ch、sh是清音，其中z、c、zh、ch是塞擦音，s、sh是擦音；r是浊擦音。

只有zh、ch、sh能与ua、uai、uang拼合，z、c、s不能与ua、uai、uang拼合。

(2)字词朗读练习

【单音节字词练习】

栽 zāi	摘 zhāi
暂 zàn	战 zhàn
葬 zàng	障 zhàng
澡 zǎo	找 zhǎo
仄 zè	蔗 zhè
憎 zēng	睁 zhēng
字 zì	质 zhì
踪 zōng	肿 zhǒng
揍 zòu	昼 zhòu
足 zú	竹 zhú
攥 zuàn	撰 zhuàn
最 zuì	缀 zhuì
遵 zūn	准 zhǔn
佐 zuǒ	卓 zhuó

裁 cái	柴 chái
苍 cāng	昌 chāng
曹 cáo	潮 cháo
策 cè	彻 chè
层 céng	丞 chéng
词 cí	迟 chí
葱 cōng	充 chōng

凑 còu
粗 cū
蹿 cuān
崔 cuī
皴 cūn
搓 cuō
臭 chòu
初 chū
穿 chuān
吹 chuī
春 chūn
戳 chuō

洒 sǎ
腮 sāi
三 sān
嗓 sǎng
缫 sāo
涩 sè
僧 sēng
司 sī
搜 sōu
酥 sū
蒜 suàn
髓 suǐ
笋 sǔn
缩 suō
傻 shǎ
筛 shāi
衫 shān
晌 shǎng
捎 shāo
摄 shè
声 shēng
诗 shī
收 shōu
枢 shū
涮 shuàn
水 shuǐ
吮 shǔn
说 shuō

【多音节词语练习】

☆平舌音＋平舌音

再造 zàizào
赞颂 zànsòng
啧啧 zézé
总算 zǒngsuàn
猜测 cāicè
参赛 cānsài
草丛 cǎocóng
操作 cāozuò
层次 céngcì
璀璨 cuǐcàn
在座 zàizuò
葬送 zàngsòng
赠送 zèngsòng
走私 zǒusī
彩塑 cǎisù
仓促 cāngcù
操纵 cāozòng
嘈杂 cáozá
从此 cóngcǐ
厕所 cèsuǒ

丧葬 sāngzàng
色彩 sècǎi
色素 sèsù
色泽 sèzé
琐碎 suǒsuì

☆平舌音＋翘舌音

杂志 zázhì
载重 zàizhòng
暂时 zànshí
赞成 zànchéng
赞赏 zànshǎng
增产 zēngchǎn
祖传 zǔchuán
钻石 zuànshí
罪状 zuìzhuàng
遵照 zūnzhào
蚕食 cánshí
操场 cāochǎng
草率 cǎoshuài
侧身 cèshēn
辞职 cízhí
粗壮 cūzhuàng
挫折 cuòzhé
散射 sǎnshè
丧失 sàngshī
丝绸 sīchóu
松鼠 sōngshǔ
搜查 sōuchá
速成 sùchéng
算账 suànzhàng
随时 suíshí

☆翘舌音＋翘舌音

涨潮 zhǎngcháo
战场 zhànchǎng
招生 zhāoshēng
诏书 zhàoshū
照常 zhàocháng
珍重 zhēnzhòng
整数 zhěngshù
专注 zhuānzhù
装饰 zhuāngshì
查处 cháchǔ
长城 Chángchéng
常识 chángshí
车站 chēzhàn
衬衫 chènshān
称职 chènzhí
驰骋 chíchěng
戳穿 chuōchuān
抽查 chōuchá
出示 chūshì
霎时 shàshí
山水 shānshuǐ
摄制 shèzhì
生产 shēngchǎn
伸张 shēnzhāng
施舍 shīshě

☆翘舌音＋平舌音

择菜 zháicài
沼泽 zhǎozé

真丝 zhēnsī 诊所 zhěnsuǒ
政策 zhèngcè 职责 zhízé
中子 zhōngzǐ 周岁 zhōusuì
住宿 zhùsù 差错 chācuò
禅宗 chánzōng 长足 chángzú
称赞 chēngzàn 迟早 chízǎo
充足 chōngzú 出色 chūsè
春色 chūnsè 擅自 shànzì
上诉 shàngsù 哨所 shàosuǒ
伸缩 shēnsuō 神采 shéncǎi
生存 shēngcún 失足 shīzú
手册 shǒucè 蔬菜 shūcài

2. 唇齿音 f 与舌根音 h

(1)辨析

同：发音方法一样，都是清擦音。

异：唇齿音 f 是下唇和上齿接触构成阻碍，舌根音 h 是舌根向硬腭和软腭的交界处接近构成阻碍。

普通话语音当中，除了单韵母 u 以外，f 不能与 u 开头的复韵母拼合。因此，复韵母 ua、uo、uei、uai、uan、uen、uang 只能与 h 相拼合。

(2)字词朗读练习

【单音节字词练习】

罚 fá 哈 hā
反 fǎn 函 hán
防 fáng 杭 Háng
飞 fēi 黑 hēi
粉 fěn 很 hěn
逢 féng 恒 héng
否 fǒu 吼 hǒu
孵 fū 乎 hū

【多音节字词练习】

☆f+f

发放 fāfàng 发疯 fāfēng

反复 fǎnfù　　方法 fāngfǎ
非法 fēifǎ　　非凡 fēifán
芬芳 fēnfāng　　纷繁 fēnfán
纷飞 fēnfēi　　奋发 fènfā
风帆 fēngfān　　佛法 fófǎ

☆h＋h

含混 hánhùn　　行会 hánghuì
豪华 háohuá　　好汉 hǎohàn
合乎 héhū　　合伙 héhuǒ
后悔 hòuhuǐ　　呼唤 hūhuàn
花卉 huāhuì　　欢呼 huānhū
缓和 huǎnhé　　黄昏 huánghūn
谎话 huǎnghuà　　回合 huíhé
毁坏 huǐhuài　　会话 huìhuà
浑厚 húnhòu　　火红 huǒhóng

☆f＋h

发还 fāhuán　　发挥 fāhuī
发火 fāhuǒ　　繁华 fánhuá
饭盒 fànhé　　返航 fǎnháng
返还 fǎnhuán　　返回 fǎnhuí
防寒 fánghán　　防洪 fánghóng
防护 fánghù　　放火 fànghuǒ
分化 fēnhuà　　风寒 fēnghán
风化 fēnghuà　　孵化 fūhuà
俘获 fúhuò　　符号 fúhào
符合 fúhé　　复核 fùhé
复活 fùhuó

☆h＋f

海防 hǎifáng　　海风 hǎifēng
豪放 háofàng　　耗费 hàofèi
合法 héfǎ　　后方 hòufāng
化肥 huàféi　　划分 huàfēn
焕发 huànfā　　荒废 huāngfèi

恢复 huīfù　　　　回复 huífù

伙房 huǒfáng

3. 鼻音 n、边音 l 的对比练习

(1)辨析

同：都是舌尖中音，浊音。

异：鼻音 n 发音时舌尖贴在上齿龈处，接触面略大，软腭下垂，声音从鼻腔通过。边音 l 发音时舌尖抬起，抵在上齿龈中部，接触面略小位置稍后，气息从舌的两边通过。

韵母 ia、uen，只能与声母 l 拼合，而不能与声母 n 拼合。

(2)字词朗读练习

【单音节字词练习】

腊 là	捺 nà
赖 lài	耐 nài
篮 lán	男 nán
廊 láng	囊 náng
老 lǎo	恼 nǎo
泪 lèi	内 nèi
棱 léng	能 néng
李 lǐ	拟 nǐ
脸 liǎn	捻 niǎn
良 liáng	娘 niáng
料 liào	尿 niào
劣 liè	啮 niè
林 lín	您 nín
凌 líng	拧 níng
刘 Liú	牛 niú
龙 lóng	脓 nóng
路 lù	怒 nù
吕 lǚ	女 nǚ
卵 luǎn	暖 nuǎn
罗 luó	挪 nuó

【多音节词语练习】

☆l＋l

拉力 lālì　　　　来历 láilì

来临 láilín
劳累 láolèi
劳力 láolì
老练 lǎoliàn
勒令 lèlìng
冷落 lěngluò
理论 lǐlùn
历来 lìlái
联络 liánluò
嘹亮 liáoliàng
料理 liàolǐ
邻里 línlǐ
淋漓 línlí
玲珑 línglóng
凌乱 língluàn
领略 lǐnglüè
浏览 liúlǎn
流浪 liúlàng
绿林 lùlín
伦理 lúnlǐ
裸露 luǒlù

☆n＋n

奶牛 nǎiniú
男女 nánnǚ
恼怒 nǎonù
泥泞 nínìng

☆l＋n

来年 láinián
烂泥 lànní
老年 lǎonián
冷凝 lěngníng
连年 liánnián

☆n＋l

耐力 nàilì
脑力 nǎolì
内陆 nèilù
内乱 nèiluàn
嫩绿 nènlǜ
能力 nénglì
能量 néngliàng
尼龙 nílóng
逆流 nìliú
年龄 niánlíng
年轮 niánlún
农历 nónglì
浓烈 nóngliè
努力 nǔlì
暖流 nuǎnliú

4. 送气音、不送气音对比练习

(1)辨析

在塞音和塞擦音中各有三个送气音 p、t、k、c、ch、q；和三个不送气音 b、d、g、z、zh、j。

(2)字词朗读练习

送气音与不送气音的练习重点是 b—p、d—t、g—k 和 j—q 的对比。

【b、p 对比练习】

拔 bá	爬 pá
拜 bài	派 pài
扳 bān	潘 pān
傍 bàng	胖 pàng
报 bào	炮 pào
碑 bēi	胚 pēi
苯 běn	盆 pén
迸 bèng	碰 pèng
鼻 bí	脾 pí
编 biān	偏 piān
表 biǎo	瞟 piǎo
憋 biē	瞥 piē
鬓 bìn	聘 pìn
丙 bǐng	平 píng
波 bō	泼 pō
卜 bǔ	圃 pǔ
陪伴 péibàn	奔波 bēnbō
蓬勃 péngbó	逼迫 bīpò
批驳 pībó	标榜 biāobǎng
偏旁 piānpáng	冰雹 bīngbáo
平板 píngbǎn	普遍 pǔbiàn
瀑布 pùbù	拍板 pāibǎn
百分比 bǎifēnbǐ	半成品 bànchéngpǐn
抱不平 bàobùpíng	北半球 běibànqiú
漂白粉 piǎobáifěn	乒乓球 pīngpāngqiú

【d、t 对比练习】

大 dà	踏 tà
带 dài	汰 tài
淡 dàn	叹 tàn
档 dàng	烫 tàng
导 dǎo	讨 tǎo
得 dé	特 tè

蹬 dēng
嫡 dí
点 diǎn
吊 diào
跌 diē
盯 dīng
冬 dōng
窦 dòu
睹 dǔ
端 duān
兑 duì
盾 dùn
踱 duó
大体 dàtǐ
大腿 dàtuǐ
带头 dàitóu
倒退 dàotuì
登台 dēngtái
低头 dītóu
地图 dìtú
电筒 diàntǒng
掉头 diàotóu
冬天 dōngtiān
动听 dòngtīng
台灯 táidēng
特定 tèdìng
田地 tiándì
铁道 tiědào
通达 tōngdá
通电 tōngdiàn
头等 tóuděng
投递 tóudì
屠刀 túdāo

疼 téng
啼 tí
舔 tiǎn
跳 tiào
贴 tiē
听 tīng
通 tōng
透 tòu
土 tǔ
团 tuán
蜕 tuì
囤 tún
妥 tuǒ
大厅 dàtīng
歹徒 dǎitú
弹头 dàntóu
得体 détǐ
等同 děngtóng
地毯 dìtǎn
点头 diǎntóu
殿堂 diàntáng
顶替 dǐngtì
动态 dòngtài
独特 dútè
特点 tèdiǎn
天敌 tiāndí
跳动 tiàodòng
停顿 tíngdùn
通道 tōngdào
同等 tóngděng
头顶 tóudǐng
秃顶 tūdǐng
土地 tǔdì

土豆 tǔdòu
推导 tuīdǎo
推倒 tuīdǎo
推定 tuīdìng
推动 tuīdòng
推断 tuīduàn

【g、k 对比练习】

该 gāi
开 kāi
秆 gǎn
坎 kǎn
杠 gàng
炕 kàng
篙 gāo
烤 kǎo
各 gè
课 kè
根 gēn
垦 kěn
耕 gēng
坑 kēng
拱 gǒng
恐 kǒng
狗 gǒu
口 kǒu
孤 gū
哭 kū
瓜 guā
夸 kuā
怪 guài
块 kuài
观 guān
宽 kuān
光 guāng
筐 kuāng
硅 guī
亏 kuī
过 guò
廓 kuò
概况 gàikuàng
概括 gàikuò
干枯 gānkū
赶快 gǎnkuài
钢盔 gāngkuī
高亢 gāokàng
高考 gāokǎo
高空 gāokōng
工矿 gōngkuàng
公开 gōngkāi
公款 gōngkuǎn
功课 gōngkè
攻克 gōngkè
顾客 gùkè
关口 guānkǒu
观看 guānkàn
广阔 guǎngkuò
国库 guókù
开关 kāiguān
开工 kāigōng
看管 kānguǎn
控告 kònggào
快感 kuàigǎn
宽广 kuānguǎng
旷工 kuànggōng

【j、q 对比练习】

饥 jī
颊 jiá
茧 jiǎn
犟 jiàng
郊 jiāo
皆 jiē
襟 jīn
颈 jǐng
窘 jiǒng
灸 jiǔ
拒 jù
绢 juàn
撅 juē
均 jūn
激情 jīqíng
汲取 jíqǔ
加强 jiāqiáng
坚强 jiānqiáng
健全 jiànquán
郊区 jiāoqū
紧俏 jǐnqiào
锦旗 jǐnqí
军区 jūnqū
期间 qījiān
起居 qǐjū
迁居 qiānjū
强加 qiángjiā
侨眷 qiáojuàn
情景 qíngjǐng
求救 qiújiù
取经 qǔjīng
劝解 quànjiě

沏 qī
掐 qiā
潜 qián
呛 qiàng
跷 qiāo
且 qiě
沁 qìn
倾 qīng
琼 qióng
裘 qiú
趣 qù
券 quàn
瘸 qué
裙 qún
极其 jíqí
技巧 jìqiǎo
假期 jiàqī
减轻 jiǎnqīng
讲求 jiǎngqiú
金钱 jīnqián
紧缺 jǐnquē
攫取 juéqǔ
俊俏 jùnqiào
奇迹 qíjì
气节 qìjié
前景 qiánjǐng
抢救 qiǎngjiù
勤俭 qínjiǎn
请教 qǐngjiào
曲解 qūjiě
全局 quánjú

二、韵母练习

(一)韵母解读

1. 韵母：声母后面的部分是韵母。普通话有 39 个韵母，其中 23 个完全由元音构成，16 个由元音加鼻辅音韵尾构成。

2. 韵母分类

按结构特点，韵母可分为三类，即：单韵母、复韵母、鼻韵母。

第一类是单韵母。由单个元音构成的韵母叫单韵母，发音时口形、舌位一般不变。普通话有 10 个单韵母，其中舌面单元音韵母有 7 个，它们是：ɑ、o、e、ê、i、u、ü。特殊元音韵母有 3 个，它们是：-i(前)、-i(后)、er。

第二类是复韵母。由复合元音构成的韵母叫复韵母。复合元音是由两个或三个元音结合而成，从听觉上已经复合成一个固定的音组。从发音方法上看，复韵母中各个元音在连读时是由前一个元音向后一个元音滑动，不是跳动，各元音间无明显界限，气流不能中断。组成复韵母的各个元音在开口度和响度上也是有所不同的，不论是二合元音还是三合元音，其中只有一个元音较响亮，它就是主要元音(韵腹)，是复韵母的中心成分，同时也不要忽视介音和韵尾的发音。发音时，口形、舌位都要发生相应的变化。

普通话中复韵母有 13 个。复韵母按主要元音所处的前后位置的不同可分为前响复韵母、后响复韵母、中响复韵母。前响复韵母指主要元音在前的复韵母，有 4 个：ɑi、ei、ɑo、ou。后响复韵母指主要元音在后的复韵母，有 5 个：iɑ、ie、uɑ、uo、üe。中响复韵母指主要元音位居中间的韵母，有 4 个：iɑo、iou、uɑi、uei。

第三类是鼻韵母。以鼻辅音 n 或 ng 作韵尾的韵母叫鼻韵母。普通话中鼻韵母共 16 个，分两种。一种是带舌尖鼻音 n 的前鼻韵母，有 8 个：ɑn、iɑn、uɑn、üɑn、en、in、uen、ün；另一种是带舌根鼻音 ng 的后鼻韵母，有 8 个：ɑng、iɑng、uɑng、eng、ing、ueng、ong、iong。

(二)韵母难点音练习

1. i、ü 的对比练习

(1)辨析

同：舌位相同。

异：唇形不同。发 i 音时，唇形扁平，嘴角稍向左右咧开，牙齿可见。发 ü 音时，双唇撮起接近圆形，牙齿不可见。由于唇部力量不够，易使撮口的 ü 发成扁唇的 i。

(2)字词朗读练习

饥 jī	居 jū
吉 jí	橘 jú
脊 jǐ	矩 jǔ
髻 jì	聚 jù
厘 lí	驴 lǘ
李 lǐ	履 lǚ
立 lì	律 lǜ
拟 nǐ	女 nǚ
沏 qī	祛 qū
畦 qí	渠 qú
启 qǐ	娶 qǔ
泣 qì	趣 qù
膝 xī	戌 xū
习 xí	徐 xú
铣 xǐ	许 xǔ
细 xì	絮 xù
医 yī	迂 yū
宜 yí	鱼 yú
倚 yǐ	语 yǔ
抑 yì	誉 yù
纪律 jìlǜ	寄居 jìjū
妓女 jìnǚ	寄予 jìyǔ
拘泥 jūnì	居于 jūyú
咀嚼 jǔjué	举例 jǔlì
距离 jùlí	聚集 jùjí
栖息 qīxī	奇迹 qíjì
奇异 qíyì	其余 qíyú
歧义 qíyì	崎岖 qíqū
起立 qǐlì	气急 qìjí

气虚 qìxū
曲艺 qǔyì
习气 xíqì
稀奇 xīqí
袭击 xíjī
戏剧 xìjù
须臾 xūyú
虚拟 xūnǐ
蓄意 xùyì
移居 yíjū
抑郁 yìyù
逾期 yúqī
雨季 yǔjì
雨衣 yǔyī
预计 yùjì
寓意 yùyì
寓于 yùyú

2. 前鼻音、后鼻音的对比练习

(1)辨析

同：气流从鼻腔通过。

异：前鼻韵母发出元音后，舌尖直接向上前伸，顶住上齿龈，气流从鼻腔通过，口型较闭。后鼻韵母发出元音后，舌根后缩，舌面后部隆起抵住软腭，气流从鼻腔通过，口型较开。

(2)字词朗读练习

【单音节字词练习】

安 ān
昂 áng
绊 bàn
蚌 bàng
宾 bīn
禀 bǐng
惨 cǎn
仓 cāng
搀 chān
称 chēng
称 chèn
舂 chōng
串 chuàn
疮 chuāng
皴 cūn
档 dàng
佃 diàn
澄 dèng
恩 ēn
盯 dīng
酚 fēn
杠 gàng
杆 gān
烘 hōng
罕 hǎn
绛 jiàng
柬 jiǎn
颈 jǐng
菌 jūn
框 kuàng
鳗 mán
晾 liàng

畔 pàn
蜷 quán
涮 shuàn
癣 xuǎn
瘾 yǐn
匀 yún
酿 niàng
篷 péng
倾 qīng
瓮 wèng
镶 xiāng
佯 yáng

【双音节词语练习】

☆前鼻音＋前鼻音

半边 bànbiān
产权 chǎnquán
沉沦 chénlún
存款 cúnkuǎn
电线 diànxiàn
根本 gēnběn
缓慢 huǎnmàn
混乱 hùnluàn
懒散 lǎnsǎn
门帘 ménlián
勤俭 qínjiǎn
全身 quánshēn
辛勤 xīnqín
遵循 zūnxún
缠绵 chánmián
沉淀 chéndiàn
衬衫 chènshān
诞辰 dànchén
返还 fǎnhuán
关心 guānxīn
会面 huìmiàn
坚信 jiānxìn
论断 lùnduàn
门诊 ménzhěn
权限 quánxiàn
妊娠 rènshēn
专人 zhuānrén

☆后鼻音＋后鼻音

昂扬 ángyáng
苍穹 cāngqióng
长城 Chángchéng
畅通 chàngtōng
冲撞 chōngzhuàng
崇敬 chóngjìng
动情 dòngqíng
放声 fàngshēng
工厂 gōngchǎng
供应 gōngyìng
榜样 bǎngyàng
猖狂 chāngkuáng
厂房 chǎngfáng
澄清 chéngqīng
憧憬 chōngjǐng
定向 dìngxiàng
洞房 dòngfáng
风光 fēngguāng
公共 gōnggòng
宫廷 gōngtíng

供奉 gòngfèng
惊恐 jīngkǒng
境况 jìngkuàng
抗争 kàngzhēng
矿藏 kuàngcáng
冷冻 lěngdòng
羚羊 língyáng
能量 néngliàng
旁听 pángtīng
平静 píngjìng
强壮 qiángzhuàng
轻松 qīngsōng
蜻蜓 qīngtíng
省城 shěngchéng
颂扬 sòngyáng
通风 tōngfēng
相等 xiāngděng
性命 xìngmìng
英雄 yīngxióng
纵向 zòngxiàng
洪亮 hóngliàng
竞争 jìngzhēng
镜框 jìngkuàng
恐龙 kǒnglóng
朗诵 lǎngsòng
踉跄 liàngqiàng
隆重 lóngzhòng
农场 nóngchǎng
碰撞 pèngzhuàng
凭证 píngzhèng
轻声 qīngshēng
清醒 qīngxǐng
晴朗 qínglǎng
送行 sòngxíng
听众 tīngzhòng
同情 tóngqíng
想象 xiǎngxiàng
阳光 yángguāng
营养 yíngyǎng

☆前鼻音＋后鼻音

安详 ānxiáng
穿行 chuānxíng
传诵 chuánsòng
担当 dāndāng
典型 diǎnxíng
奠定 diàndìng
断送 duànsòng
反光 fǎnguāng
奋勇 fènyǒng
棍棒 gùnbàng
欢迎 huānyíng
肩膀 jiānbǎng
禅宗 chánzōng
传承 chuánchéng
村庄 cūnzhuāng
单项 dānxiàng
电动 diàndòng
端庄 duānzhuāng
繁盛 fánshèng
分明 fēnmíng
感想 gǎnxiǎng
寒冷 hánlěng
环境 huánjìng
减轻 jiǎnqīng

鉴定 jiàndìng
尽量 jǐnliàng
看病 kànbìng
昆虫 kūnchóng
联想 liánxiǎng
临床 línchuáng
难听 nántīng
偏旁 piānpáng
品尝 pǐncháng
虔诚 qiánchéng
任命 rènmìng
山岭 shānlǐng
伸张 shēnzhāng
损伤 sǔnshāng
天亮 tiānliàng
文凭 wénpíng
鲜明 xiānmíng
新兴 xīnxīng
血清 xuèqīng
眼镜 yǎnjìng
远航 yuǎnháng
赞扬 zànyáng
真诚 zhēnchéng
转让 zhuǎnràng
金融 jīnróng
进攻 jìngōng
肯定 kěndìng
连通 liántōng
脸庞 liǎnpáng
蛮横 mánhèng
盼望 pànwàng
拼命 pīnmìng
签名 qiānmíng
人工 réngōng
散场 sànchǎng
擅长 shàncháng
神明 shénmíng
探望 tànwàng
玩赏 wánshǎng
闻名 wénmíng
心情 xīnqíng
选送 xuǎnsòng
严冬 yándōng
阴影 yīnyǐng
酝酿 yùnniàng
战争 zhànzhēng
振兴 zhènxīng
尊敬 zūnjìng

☆后鼻音+前鼻音

长年 chángnián
场面 chǎngmiàn
承担 chéngdān
创建 chuàngjiàn
方便 fāngbiàn
封面 fēngmiàn
公民 gōngmín
航天 hángtiān
长远 chángyuǎn
成人 chéngrén
充满 chōngmǎn
当选 dāngxuǎn
房间 fángjiān
钢琴 gāngqín
光临 guānglín
红军 hóngjūn

宏观 hóngguān
江南 jiāngnán
精神 jīngshén
狂欢 kuánghuān
两边 liǎngbiān
凌晨 língchén
名片 míngpiàn
穷尽 qióngjìn
生存 shēngcún
乡亲 xiāngqīn
星辰 xīngchén
征询 zhēngxún
重音 zhòngyīn
壮观 zhuàngguān
黄金 huángjīn
经典 jīngdiǎn
空前 kōngqián
良心 liángxīn
量变 liàngbiàn
领先 lǐngxiān
评判 píngpàn
商品 shāngpǐn
王冠 wángguān
香烟 xiāngyān
用品 yòngpǐn
中心 zhōngxīn
装点 zhuāngdiǎn

三、声调练习

(一)声调解读

声调是音节的音高变化，具有区别语义的作用。例如“qiāo”(敲)、“qiáo”(桥)、“qiǎo”(巧)、“qiào”(俏)，这 4 个音节的声母、韵母都相同，但表示的语义不同，这是由声调不同决定的。

在汉语里，声调是音节结构中不可缺少的组成部分，担负着重要的辨义作用。例如“题材”和“体裁”、“练习”和“联系”等，这些词语意义的不同就是靠声调不同来区别的。

调值指音节高低升降曲直长短的变化形式，是声调的实际读法。调值的记录一般采用五度标记法。

调类就是声调的种类，普通话有 4 种基本的调值，所以归纳为 4 个调类，即“阴平、阳平、上声、去声”，也可以通俗地称为“第一声、第二声、第三声、第四声”，是为“四声”。

其调值用五度标记法可以分别标记为[55]、[35]、[214]、[51]。

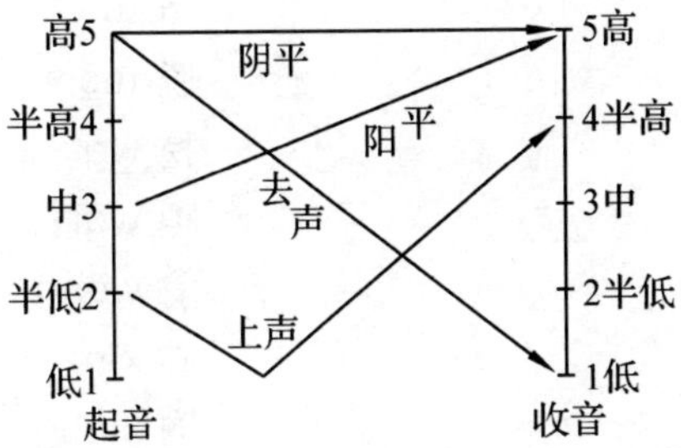

五度标记法

(二)声调练习

1. 单音节字词练习

【阴平练习】

胞 bāo
崩 bēng
逼 bī
鳖 biē
滨 bīn
兵 bīng
波 bō
餐 cān
仓 cāng
插 chā
抄 chāo
抻 chēn
吃 chī
初 chū
吹 chuī
蹿 cuān
崔 Cuī
搭 dā
蹬 dēng
堤 dī
跌 diē
丢 diū
蹲 dūn
恩 ēn
翻 fān
非 fēi
峰 fēng
敷 fū
跟 gēn
弓 gōng
光 guāng
黑 hēi
欢 huān
姬 jī
揭 jiē
捐 juān
均 jūn
坑 kēng
宽 kuān
摸 mō
鸥 ōu
披 pī

篇 piān
瞥 piē
漆 qī
掐 qiā
枪 qiāng
侵 qīn
鳃 sāi
杀 shā
申 shēn
笙 shēng
失 shī
拴 shuān
说 shuō
丝 sī
艘 sōu
酸 suān
孙 sūn
凸 tū
脱 tuō
挖 wā
歪 wāi
翁 wēng
心 xīn
胸 xiōng
熏 xūn
淹 yān
秧 yāng
曰 yuē
招 zhāo
睁 zhēng
脂 zhī
椎 zhuī
棕 zōng

【阳平练习】

昂 áng
拔 bá
白 bái
财 cái
曹 cáo
察 chá
柴 chái
肠 cháng
巢 cháo
池 chí
持 chí
绸 chóu
垂 chuí
词 cí
磁 cí
存 cún
德 dé
蝶 dié
额 é
儿 ér
而 ér
房 fáng
航 háng
嚎 háo
颌 hé
衡 héng
滑 huá
淮 Huái
魂 hún
急 jí

局 jú
爵 jué
奎 kuí
劳 láo
厘 lí
帘 lián
辽 liáo
龄 líng
酶 méi
铭 míng
膜 mó
眸 móu
囊 náng
娘 niáng
您 nín
凝 níng
农 nóng
爬 pá
袍 páo
盆 pén
彭 Péng
凭 píng
旗 qí
穷 qióng
囚 qiú
渠 qú
瘸 qué
群 qún

仍 réng
容 róng
柔 róu
啥 shá
俗 sú
随 suí
台 tái
桃 táo
滕 Téng
条 tiáo
投 tóu
亡 wáng
闻 wén
围 wéi
衔 xián
雄 xióng
穴 xué
寻 xún
牙 yá
阎 Yán
游 yóu
原 yuán
匀 yún
杂 zá
责 zé
哲 zhé
竹 zhú

【上声练习】

北 běi
贬 biǎn
禀 bǐng

此 cǐ
尺 chǐ
闯 chuǎng

蠢 chǔn
蹈 dǎo
懂 dǒng
朵 duǒ
耳 ěr
粉 fěn
搞 gǎo
狗 gǒu
拐 guǎi
广 guǎng
轨 guǐ
裹 guǒ
吼 hǒu
缓 huǎn
谎 huǎng
钾 jiǎ
捡 jiǎn
蒋 Jiǎng
绞 jiǎo
景 jǐng
窘 jiǒng
坎 kǎn
渴 kě
垦 kěn
垮 kuǎ
款 kuǎn
览 lǎn
垒 lěi
敛 liǎn
柳 liǔ
陇 Lǒng
卤 lǔ
铝 lǚ
美 měi
猛 měng
鸟 niǎo
暖 nuǎn
女 nǚ
捧 pěng
匹 pǐ
品 pǐn
浦 pǔ
寝 qǐn
忍 rěn
汝 rǔ
软 ruǎn
洒 sǎ
署 shǔ
耍 shuǎ
甩 shuǎi
爽 shuǎng
水 shuǐ
死 sǐ
所 suǒ
淌 tǎng
舔 tiǎn
艇 tǐng
统 tǒng
吻 wěn
我 wǒ
险 xiǎn
饷 xiǎng
许 xǔ
选 xuǎn
咬 yǎo
有 yǒu

远 yuǎn
怎 zěn
诊 zhěn
【去声练习】
黯 àn
豹 bào
贝 bèi
蔽 bì
蔡 cài
测 cè
踹 chuài
凑 còu
淡 dàn
痘 dòu
队 duì
二 èr
饭 fàn
费 fèi
份 fèn
奉 fèng
附 fù
赣 Gàn
固 gù
卦 guà
憾 hàn
耗 hào
贺 hè
恨 hèn
箭 jiàn
惧 jù
廓 kuò
辣 là
滥 làn

嘱 zhǔ
准 zhǔn
子 zǐ

辆 liàng
裂 liè
掠 lüè
迈 mài
曼 màn
庙 miào
篾 miè
莫 mò
纳 nà
内 nèi
嫩 nèn
骗 piàn
破 pò
砌 qì
洽 qià
窍 qiào
窃 qiè
去 qù
让 ràng
热 rè
日 rì
入 rù
闰 rùn
赛 sài
晒 shài
氏 shì
兽 shòu
涮 shuàn
舜 Shùn

诉 sù
蜕 tuì
袜 wà
外 wài
戏 xì
夏 xià
械 xiè
信 xìn
袖 xiù
砚 yàn
曳 yè
用 yòng
阅 yuè
运 yùn
再 zài
葬 zàng
赠 zèng
诈 zhà
寨 zhài
胀 zhàng
照 zhào
浙 Zhè
蛀 zhù
撞 zhuàng
字 zì
攥 zuàn

2. 双音节词语练习(上声加其他声调练习后文单列)

【阴平开头的词语】

安慰 ānwèi
标志 biāozhì
苍白 cāngbái
操纵 cāozòng
差别 chābié
摧毁 cuīhuǐ
恩情 ēnqíng
非法 fēifǎ
分配 fēnpèi
钢铁 gāngtiě
观察 guānchá
荒谬 huāngmiù
家长 jiāzhǎng
捐赠 juānzèng
军阀 jūnfá
夸张 kuāzhāng
亏损 kuīsǔn
胚胎 pēitāi
侵略 qīnlüè
深化 shēnhuà
收藏 shōucáng
衰老 shuāilǎo
缩短 suōduǎn
通常 tōngcháng
洼地 wādì
挖潜 wāqián
温暖 wēnnuǎn
胸脯 xiōngpú
宣传 xuānchuán
英雄 yīngxióng
优良 yōuliáng
装备 zhuāngbèi
遵循 zūnxún

【阳平开头的词语】

昂扬 ángyáng
材料 cáiliào
长城 Chángchéng
成本 chéngběn
而且 érqiě
繁荣 fánróng
佛法 fófǎ
佛经 fójīng
佛寺 fósì
豪华 háohuá
何尝 hécháng
怀抱 huáibào
怀念 huáiniàn
煤炭 méitàn
描写 miáoxiě
男女 nánnǚ
能量 néngliàng
农村 nóngcūn
强调 qiángdiào
强度 qiángdù
穷人 qióngrén
全面 quánmiàn
群体 qúntǐ
群众 qúnzhòng
人群 rénqún
仍旧 réngjiù
仍然 réngrán
柔软 róuruǎn
随便 suíbiàn
玩耍 wánshuǎ
无穷 wúqióng
席卷 xíjuǎn
协商 xiéshāng
协作 xiézuò
旋转 xuánzhuǎn
于是 yúshì
原因 yuányīn

【去声开头的词语】

傍晚 bàngwǎn
侧面 cèmiàn
挫折 cuòzhé
大娘 dàniáng
盗贼 dàozéi
断层 duàncéng
富翁 fùwēng
附庸 fùyōng
候鸟 hòuniǎo
后天 hòutiān
价格 jiàgé
看法 kànfǎ
课本 kèběn
挎包 kuàbāo
况且 kuàngqiě
掠夺 lüèduó
灭亡 mièwáng
谬论 miùlùn
虐待 nüèdài
恰好 qiàhǎo
确定 quèdìng
日历 rìlì
日益 rìyì
世纪 shìjì

率领 shuàilǐng
四周 sìzhōu
速率 sùlǜ
探索 tànsuǒ
外国 wàiguó
问卷 wènjuàn
下降 xiàjiàng
效果 xiàoguǒ
训练 xùnliàn
迅速 xùnsù
赞美 zànměi
战略 zhànlüè
镇压 zhènyā
状况 zhuàngkuàng
做梦 zuòmèng

3. 三音节词语练习

办公室 bàngōngshì
参议院 cānyìyuàn
超声波 chāoshēngbō
乘务员 chéngwùyuán
出发点 chūfādiǎn
出生率 chūshēnglǜ
穿山甲 chuānshānjiǎ
传教士 chuánjiàoshì
创造性 chuàngzàoxìng
大多数 dàduōshù
大陆架 dàlùjià
大气层 dàqìcéng
大气压 dàqìyā
大人物 dàrénwù
大学生 dàxuéshēng
大自然 dàzìrán
蛋白质 dànbáizhì
当事人 dāngshìrén
地平线 dìpíngxiàn
地下室 dìxiàshì
地下水 dìxiàshuǐ
电磁波 diàncíbō
电磁场 diàncíchǎng
电气化 diànqìhuà
电视剧 diànshìjù
电视台 diànshìtái
东道主 dōngdàozhǔ
东正教 Dōngzhèngjiào
动画片 dònghuàpiàn
动物园 dòngwùyuán
多边形 duōbiānxíng
恶作剧 èzuòjù
发动机 fādòngjī
发言人 fāyánrén
反义词 fǎnyìcí
方向盘 fāngxiàngpán
防护林 fánghùlín
放大镜 fàngdàjìng
放射线 fàngshèxiàn
放射性 fàngshèxìng
飞行器 fēixíngqì
飞行员 fēixíngyuán
肺活量 fèihuóliàng
肺结核 fèijiéhé
服务员 fúwùyuán
负离子 fùlízǐ
副作用 fùzuòyòng
高血压 gāoxuèyā

根据地 gēnjùdì
工程师 gōngchéngshī
公积金 gōngjījīn
工商业 gōngshāngyè
公务员 gōngwùyuán
工业化 gōngyèhuà
工艺品 gōngyìpǐn
工作日 gōngzuòrì
共和国 gònghéguó
规范化 guīfànhuà
国务院 guówùyuàn
哈密瓜 hāmìguā
合作社 hézuòshè
红外线 hóngwàixiàn
花岗岩 huāgāngyán
化合物 huàhéwù
化妆品 huàzhuāngpǐn
画外音 huàwàiyīn
黄澄澄 huángdēngdēng
回归线 huíguīxiàn
回忆录 huíyìlù
混合物 hùnhéwù
混凝土 hùnníngtǔ
机械化 jīxièhuà
积极性 jījíxìng
基督教 Jīdūjiào
集装箱 jízhuāngxiāng
计算机 jìsuànjī
记忆力 jìyìlì
技术员 jìshùyuán
继承权 jìchéngquán
继承人 jìchéngrén
寄生虫 jìshēngchóng
加速度 jiāsùdù
交易所 jiāoyìsuǒ
教科书 jiàokēshū
金刚石 jīngāngshí
金龟子 jīnguīzǐ
金丝猴 jīnsīhóu
金字塔 jīnzìtǎ
进化论 jìnhuàlùn
进行曲 jìnxíngqǔ
经纪人 jīngjìrén
俱乐部 jùlèbù
决定性 juédìngxìng
爵士乐 juéshìyuè
开玩笑 kāiwánxiào
科学家 kēxuéjiā
科学院 kēxuéyuàn
劳动力 láodònglì
劳动日 láodòngrì
劳动者 láodòngzhě
连环画 liánhuánhuà
连衣裙 liányīqún
联合国 Liánhéguó
林阴道 línyīndào
淋巴结 línbājié
留声机 liúshēngjī
录像机 lùxiàngjī
录音机 lùyīnjī
螺旋桨 luóxuánjiǎng
猫头鹰 māotóuyīng
穆斯林 mùsīlín
南半球 nánbànqiú
难为情 nánwéiqíng
内燃机 nèiránjī

霓虹灯 níhóngdēng
农作物 nóngzuòwù
派出所 pàichūsuǒ
乒乓球 pīngpāngqiú
平衡木 pínghéngmù
蒲公英 púgōngyīng
青霉素 qīngméisù
轻工业 qīnggōngyè
轻音乐 qīngyīnyuè
清真寺 qīngzhēnsì
人民币 rénmínbì
人行道 rénxíngdào
三轮车 sānlúnchē
社会学 shèhuìxué
神经病 shénjīngbìng
神经质 shénjīngzhì
生命力 shēngmìnglì
圣诞节 Shèngdànjié
食物链 shíwùliàn
世界观 shìjièguān
收音机 shōuyīnjī
四边形 sìbiānxíng
太阳能 tàiyángnéng
太阳系 tàiyángxì
糖尿病 tángniàobìng
天花板 tiānhuābǎn
天然气 tiānránqì
同位素 tóngwèisù
图书馆 túshūguǎn
拖拉机 tuōlājī
维生素 wéishēngsù
微生物 wēishēngwù
温度计 wēndùjì
无线电 wúxiàndiàn
西红柿 xīhóngshì
细胞核 xìbāohé
现代化 xiàndàihuà
向日葵 xiàngrìkuí
消费品 xiāofèipǐn
协奏曲 xiézòuqǔ
形容词 xíngróngcí
蓄电池 xùdiànchí
亚热带 yàrèdài
研究生 yánjiūshēng
研究员 yánjiūyuán
叶绿素 yèlǜsù
艺术家 yìshùjiā
荧光屏 yíngguāngpíng
游击队 yóujīduì
幼儿园 yòu'éryuán
原材料 yuáncáiliào
运动员 yùndòngyuán
责任感 zérèngǎn
照相机 zhàoxiàngjī
蒸馏水 zhēngliúshuǐ
直辖市 zhíxiáshì
殖民地 zhímíndì
志愿军 zhìyuànjūn
中间人 zhōngjiānrén
中世纪 zhōngshìjì
中学生 zhōngxuéshēng
重工业 zhònggōngyè
注射器 zhùshèqì
啄木鸟 zhuómùniǎo
自动化 zìdònghuà
自来水 zìláishuǐ

自然界 zìránjiè
自行车 zìxíngchē
自治区 zìzhìqū
奏鸣曲 zòumíngqǔ

4. 四音节词语练习

安居乐业 ānjū-lèyè
包罗万象 bāoluó-wànxiàng
背道而驰 bèidào'érchí
标新立异 biāoxīn-lìyì
别出心裁 biéchū-xīncái
别开生面 biékāi-shēngmiàn
不言而喻 bùyán'éryù
不约而同 bùyuē'értóng
层出不穷 céngchū-bùqióng
出类拔萃 chūlèi-bácuì
出人意料 chūrényìliào
触目惊心 chùmù-jīngxīn
川流不息 chuānliú-bùxī
错综复杂 cuòzōng-fùzá
大公无私 dàgōng-wúsī
大相径庭 dàxiāng-jìngtíng
得天独厚 détiān-dúhòu
得心应手 déxīn-yìngshǒu
独一无二 dúyī-wúèr
方兴未艾 fāngxīng-wèi'ài
风驰电掣 fēngchí-diànchè
根深蒂固 gēnshēn-dìgù
顾名思义 gùmíng-sīyì
汗流浃背 hànliú-jiābèi
后顾之忧 hòugùzhīyōu
急中生智 jízhōng-shēngzhì
家喻户晓 jiāyù-hùxiǎo
精益求精 jīngyì-qiújīng
鞠躬尽瘁 jūgōng-jìncuì
刻不容缓 kèbùrónghuǎn
脍炙人口 kuàizhì-rénkǒu
来龙去脉 láilóng-qùmài
淋漓尽致 línlí-jìnzhì
漫不经心 mànbùjīngxīn
慢条斯理 màntiáo-sīlǐ
眉飞色舞 méifēi-sèwǔ
名副其实 míngfùqíshí
名列前茅 mínglìè-qiánmáo
弄虚作假 nòngxū-zuòjiǎ
迫不及待 pòbùjídài
前仆后继 qiánpū-hòujì
潜移默化 qiányí-mòhuà
轻而易举 qīng'éryìjǔ
轻描淡写 qīngmiáo-dànxiě
如释重负 rúshìzhòngfù
若无其事 ruòwúqíshì
司空见惯 sīkōng-jiànguàn
似是而非 sìshì'érfēi
肆无忌惮 sìwújìdàn
啼笑皆非 tíxiào-jiēfēi
天经地义 tiānjīng-dìyì
忘恩负义 wàng'ēn-fùyì
相得益彰 xiāngdé-yìzhāng
新陈代谢 xīnchén-dàixiè
心旷神怡 xīnkuàng-shényí
抑扬顿挫 yìyáng-dùncuò
因地制宜 yīndì-zhìyí
周而复始 zhōu'érfùshǐ
自力更生 zìlì-gēngshēng

四、语流音变练习

(一)变调

1. 变调解读

在语流中，每个音节都不是孤立的，音节和音节连续读出，声调互相影响，或多或少要发生变化，不能保持原来的调值，这种现象叫变调。变调是一种自然音变现象，对语言的表达没有影响。

上声在阴平、阳平、上声、去声前都会产生变调，读完全的上声原调的机会很少，只有在单读或处在词语、句子的末尾时才有可能读原调。上声的变调有两种情况：

(1)上声在非上声(阴平、阳平、去声、轻声)前面变成半上，即调值由[214]变为[211]，如：首先、祖国、广大、耳朵。

(2)上声在上声前面，前一个上声的调值变得跟阳平[35]的调值一样，如：手表、古典、美好、北海。如果 3 个上声字相连，上声变调有两种情况：前两个字关系更紧密时，前两个字变阳平，如：虎骨酒；后两个字关系更紧密时，中间一个字变阳平，第一个字应读半上，如：李厂长。

“一”在单念、用作序数或用在词末、句尾时念原调阴平声(yī)，如：一年级、一等品、第一、初一、唯一、始终如一。

“一”在去声音节前面，变为阳平(yí)，如：一道、一次、一定、一致。

“一”在阴平、阳平、上声前面时变为去声(yì)，如：一般、一群、一体。

“一”夹在重叠式的动词之间轻读，如：看一看、想一想、问一问、学一学。

“不”在单读、在非去声音节(阴平、阳平、上声)前或在句末时读原调去声(bù)，如：不说、不来、不许。

“不”在去声音节前面，变为阳平(bú)，如：不会、不但。

“不”夹在动词或形容词之间，夹在动词与补语之间轻读。如：说不说、行不行、看不清、打不开。

2. 变调练习

【上声变调练习】

☆上声＋阴平

此间 cǐjiān
处方 chǔfāng
打捞 dǎlāo
胆汁 dǎnzhī
党章 dǎngzhāng
海关 hǎiguān
吼声 hǒushēng
女工 nǚgōng
转播 zhuǎnbō
起居 qǐjū
首都 shǒudū
铁锨 tiěxiān
总称 zǒngchēng
体温 tǐwēn

☆上声＋阳平

表皮 biǎopí
草丛 cǎocóng
齿龈 chǐyín
处罚 chǔfá
胆囊 dǎnnáng
感觉 gǎnjué
感人 gǎnrén
钾肥 jiǎféi
甲鱼 jiǎyú
简洁 jiǎnjié
讲求 jiǎngqiú

☆上声＋去声

丑陋 chǒulòu
处境 chǔjìng
打岔 dǎchà
胆怯 dǎnqiè
底片 dǐpiàn
笃信 dǔxìn
感触 gǎnchù
滚烫 gǔntàng
抚育 fǔyù
窘迫 jiǒngpò
使用 shǐyòng
假若 jiǎruò

☆上声＋轻声

比方 bǐ•fang
打扮 dǎ•ban
火候 huǒ•hou
伙计 huǒ•ji
姐姐 jiě•jie
老实 lǎo•shi
里头 lǐ•tou
领子 lǐng•zi
你们 nǐ•men
使唤 shǐ•huan
首饰 shǒu•shi
铁匠 tiě•jiang
妥当 tuǒ•dang
稳当 wěn•dang
喜欢 xǐ•huan
小气 xiǎo•qi
眼睛 yǎn•jing
养活 yǎng•huo

影子 yǐng•zi
早上 zǎo•shang
怎么 zěn•me
☆上声＋上声
矮小 ǎixiǎo
采取 cǎiqǔ
场所 chǎngsuǒ
吵嘴 chǎozuǐ
处理 chǔlǐ
处女 chǔnǚ
打赌 dǎdǔ
党委 dǎngwěi
诋毁 dǐhuǐ
典雅 diǎnyǎ
抖擞 dǒusǒu
躲闪 duǒshǎn
反省 fǎnxǐng
感慨 gǎnkǎi
港口 gǎngkǒu
给以 gěiyǐ
拱手 gǒngshǒu
苟且 gǒuqiě
骨髓 gǔsuǐ
管理 guǎnlǐ
鬼脸 guǐliǎn
好歹 hǎodǎi
好转 hǎozhuǎn
缓解 huǎnjiě
给予 jǐyǔ
可以 kěyǐ
口吻 kǒuwěn
马匹 mǎpǐ
蚂蚁 mǎyǐ

眨巴 zhǎ•ba
枕头 zhěn•tou

勉强 miǎnqiǎng
敏感 mǐngǎn
拇指 mǔzhǐ
奶粉 nǎifěn
脑髓 nǎosuǐ
扭转 niǔzhuǎn
品种 pǐnzhǒng
乞讨 qǐtǎo
抢险 qiǎngxiǎn
审美 shěnměi
手稿 shǒugǎo
首尾 shǒuwěi
水果 shuǐguǒ
水鸟 shuǐniǎo
土匪 tǔfěi
往返 wǎngfǎn
稳妥 wěntuǒ
舞蹈 wǔdǎo
洗澡 xǐzǎo
永远 yǒngyuǎn
允许 yǔnxǔ
展览 zhǎnlǎn
整理 zhěnglǐ
主体 zhǔtǐ
主宰 zhǔzǎi
总统 zǒngtǒng
走访 zǒufǎng
左手 zuǒshǒu

【“一”的变调练习】

一般 yìbān
一半 yíbàn
一边 yìbiān
一带 yídài
一旦 yídàn
一定 yídìng
一度 yídù
一端 yìduān
一概 yígài
一共 yígòng
一贯 yíguàn
一举 yìjǔ
一连 yìlián
一律 yílǜ
一面 yímiàn
一旁 yìpáng
一瞥 yìpiē
一齐 yìqí
一起 yìqǐ
一气 yíqì
一切 yíqiè
一时 yìshí
一瞬 yíshùn
一体 yìtǐ
一同 yìtóng
一线 yíxiàn
一向 yíxiàng
一心 yìxīn
一再 yízài
一早 yìzǎo
一直 yìzhí
一致 yízhì
一筹莫展 yìchóu-mòzhǎn
一帆风顺 yìfān-fēngshùn
一目了然 yímù-liǎorán
一丝不苟 yìsī-bùgǒu

【“不”的变调练习】

不必 búbì
不便 búbiàn
不啻 búchì
不错 búcuò
不但 búdàn
不当 búdàng
不定 búdìng
不断 búduàn
不对 búduì
不够 búgòu
不顾 búgù
不过 búguò
不快 búkuài
不力 búlì
不料 búliào
不论 búlùn
不妙 búmiào
不怕 búpà
不配 búpèi
不善 búshàn
不适 búshì
不孝 búxiào
不屑 búxiè
不幸 búxìng
不要 búyào
不用 búyòng

不动产 búdòngchǎn
不像话 búxiànghuà
不锈钢 búxiùgāng
不至于 búzhìyú
不动声色 búdòng-shēngsè
不计其数 bújì-qíshù
不胫而走 bújìng'érzǒu

【综合练习】

半导体 bàndǎotǐ
标准化 biāozhǔnhuà
超导体 chāodǎotǐ
长颈鹿 chángjǐnglù
传染病 chuánrǎnbìng
大本营 dàběnyíng
大理石 dàlǐshí
代表作 dàibiǎozuò
代理人 dàilǐrén
丹顶鹤 dāndǐnghè
胆固醇 dǎngùchún
胆小鬼 dǎnxiǎoguǐ
电解质 diànjiězhì
电影院 diànyǐngyuàn
董事会 dǒngshìhuì
法西斯 fǎxīsī
方法论 fāngfǎlùn
纺织品 fǎngzhīpǐn
公有制 gōngyǒuzhì
共产党 gòngchǎndǎng
古兰经 Gǔlánjīng
管弦乐 guǎnxiányuè
海岸线 hǎi'ànxiàn
红领巾 hónglǐngjīn
黄鼠狼 huángshǔláng
疗养院 liáoyǎngyuàn
基本功 jīběngōng
吉普车 jípǔchē
交响乐 jiāoxiǎngyuè
甲骨文 jiǎgǔwén
脚手架 jiǎoshǒujià
解放军 jiěfàngjūn
锦标赛 jǐnbiāosài
老百姓 lǎobǎixìng
老天爷 lǎotiānyé
里程碑 lǐchéngbēi
领事馆 lǐngshìguǎn
流水线 liúshuǐxiàn
龙卷风 lóngjuǎnfēng
马铃薯 mǎlíngshǔ
蒙古包 měnggǔbāo
牛仔裤 niúzǎikù
农产品 nóngchǎnpǐn
偶然性 ǒuránxìng
漂白粉 piǎobáifěn
普通话 pǔtōnghuà
染色体 rǎnsètǐ
三角形 sānjiǎoxíng
三角洲 sānjiǎozhōu
生产力 shēngchǎnlì
视网膜 shìwǎngmó
手工业 shǒugōngyè
手榴弹 shǒuliúdàn
水龙头 shuǐlóngtóu
思想家 sīxiǎngjiā
私有制 sīyǒuzhì

所有制 suǒyǒuzhì
体育场 tǐyùchǎng
体育馆 tǐyùguǎn
统一体 tǒngyītǐ
外祖父 wàizǔfù
外祖母 wàizǔmǔ
委员会 wěiyuánhuì
显微镜 xiǎnwēijìng
想象力 xiǎngxiànglì
小朋友 xiǎopéngyǒu
小学生 xiǎoxuéshēng
小夜曲 xiǎoyèqǔ
写字台 xiězìtái
胰岛素 yídǎosù
咏叹调 yǒngtàndiào
羽毛球 yǔmáoqiú
圆舞曲 yuánwǔqǔ
原子核 yuánzǐhé
正比例 zhèngbǐlì
指南针 zhǐnánzhēn
主人公 zhǔréngōng
主人翁 zhǔrénwēng
紫外线 zǐwàixiàn
百花齐放 bǎihuā-qífàng
百家争鸣 bǎijiā-zhēngmíng
百科全书 bǎikēquánshū
冰天雪地 bīngtiān-xuědì
不可思议 bùkě-sīyì
不速之客 búsùzhīkè
不以为然 bùyǐwéirán
畅所欲言 chàngsuǒyùyán
持之以恒 chízhīyǐhéng
赤手空拳 chìshǒu-kōngquán
出其不意 chūqíbúyì
此起彼伏 cǐqǐ-bǐfú
非同小可 fēitóngxiǎokě
海市蜃楼 hǎishì-shènlóu
矫揉造作 jiǎoróu-zàozuò
举足轻重 jǔzú-qīngzhòng
理直气壮 lǐzhí-qìzhuàng
了如指掌 liǎorúzhǐzhǎng
琳琅满目 línláng-mǎnmù
屡见不鲜 lǚjiàn-bùxiān
毛骨悚然 máogǔ-sǒngrán
眉开眼笑 méikāi-yǎnxiào
梦寐以求 mèngmèiyǐqiú
目不转睛 mùbùzhuǎnjīng
目瞪口呆 mùdèng-kǒudāi
排忧解难 páiyōu-jiěnàn
岂有此理 qǐyǒucǐlǐ
千方百计 qiānfāng-bǎijì
千钧一发 qiānjūn-yífà
随心所欲 suíxīnsuǒyù
万紫千红 wànzǐ-qiānhóng
无可奈何 wúkěnàihé
兴高采烈 xìnggāo-cǎiliè
胸有成竹 xiōngyǒuchéngzhú
一目了然 yímù-liǎorán
有的放矢 yǒudì-fàngshǐ
震耳欲聋 zhèn'ěryùlóng
自以为是 zìyǐwéishì

(二)词语的轻重音格式

根据普通话词语的语音结构，可以把普通话轻重音分为四个等级：重音、中音、次轻音、最轻音。

双音节词语的轻重音格式分为3种：

(1)中·重：前一个音节读中音，后一个音节读重音。双音节词语绝大多数是这种格式，如：人民、前进、美好。

(2)重·最轻：前一个音节读重音，后一个音节读最轻音。轻声词就是这种格式。如：叶子、首饰、漂亮。用汉语拼音注音时，不标声调符号，在拼音前加圆点提示，如：口袋，拼音写作 kǒu•dai。

(3)重·次轻：前一个音节读重音，后一个音节读次轻音。主要指可读轻声可不读轻声的词语，还包括一些《现代汉语词典》上标注原调的词语。如：聪明、会计、批评。用汉语拼音注音时，拼音加注调号，并在拼音前加圆点提示，如：因为，拼音写作 yīn•wèi。

三音节词语的轻重音节格式也分为三种，绝大多数为中·次轻·重。如：流水线、联合国、指南针。还有两种较少的轻重音格式是中·重·最轻（如：胡萝卜)和重·最轻·最轻(如：朋友们)。

四音节的轻重音格式分为两种：绝大多数为中·次轻·中·重。如：安居乐业、触目惊心、司空见惯。还有极少数的轻重音格式为：中·次轻·重·最轻(如：如意算盘)。

(三)轻声

1. 轻声解读

轻声是四声之外的一种特别声调。在词语或句子里，有的音节常常失去原有的声调而读成又轻又短的调子，这种又轻又短的调子就是轻声。普通话的轻声都是从阴平、阳平、上声、去声四个声调变化而来。轻声作为一种变调的语音现象，一定体现在词语和句子中，因此，轻声音节的读音不能孤立存在。

轻声对某些词或短语有区别意义的作用，如：兄弟 xiōng•di（指弟弟)/ 兄弟 xiōngdì（指哥哥和弟弟)，孙子 sūn•zi(指儿子的儿子)/孙子 sūn zǐ(指春秋时吴国军事家孙武)。

另外，还有一部分双音节词第二个音节习惯上都读轻声，并没有区别词义或词性的作用，如：神气、商量。

一个词语是否读轻声，大体上有如下规律可循：

(1)语气词“吧、吗、呢、啊”等读轻声，如：行啊、好吧、去吗。

(2)助词“的、地、得、着、了、过”读轻声，如：大的、写了、买得起。

(3)名词后缀“子、头、们”等读轻声，如：桌子、罐头、孩子们。

(4)方位词读轻声，如：天上、家里。

(5)单音节动词的重叠式，末一个音节读轻声，如：听听、走走、看看。

(6)叠字名词读轻声，如：哥哥、娃娃、猩猩。

(7)趋向动词读轻声，如：过来、过去、干起来。

轻声音节的音色变化是不稳定的。语音训练中应该掌握已经固定下来的轻声现象，即字典、词典已经收入的。

普通话轻声词的发展趋势是趋向减少，近年来出现的新词一般不再读轻声。没有区别词义作用的轻声一般也不要读作轻声(如：“白菜、苹果”)。

2. 轻声练习

【必读轻声词语练习】

爱人 ài•ren
案子 àn•zi
巴掌 bā•zhang
把子 bǎ•zi
把子 bà•zi
爸爸 bà•ba
白净 bái•jing
班子 bān•zi
板子 bǎn•zi
帮手 bāng•shou
梆子 bāng•zi
膀子 bǎng•zi
棒槌 bàng•chui
棒子 bàng•zi
包袱 bāo•fu
包涵 bāo•han
包子 bāo•zi
豹子 bào•zi
杯子 bēi•zi
被子 bèi•zi
本子 běn•zi
鼻子 bí•zi
比方 bǐ•fang
鞭子 biān•zi
扁担 biǎn•dan
辫子 biàn•zi
别扭 biè•niu
饼子 bǐng•zi
拨弄 bō•nong
脖子 bó•zi
簸箕 bò•ji
补丁 bǔ•ding
不由得 bùyóu•de
不在乎 búzài•hu
步子 bù•zi
部分 bù•fen

财主 cái·zhu
裁缝 cái·feng
苍蝇 cāng·ying
差事 chāi·shi
柴火 chái·huo
肠子 cháng·zi
厂子 chǎng·zi
场子 chǎng·zi
车子 chē·zi
称呼 chēng·hu
池子 chí·zi
尺子 chǐ·zi
虫子 chóng·zi
绸子 chóu·zi
除了 chú·le
锄头 chú·tou
畜生 chù·sheng
窗户 chuāng·hu
窗子 chuāng·zi
锤子 chuí·zi
刺猬 cì·wei
凑合 còu·he
村子 cūn·zi
耷拉 dā·la
答应 dā·ying
打扮 dǎ·ban
打点 dǎ·dian
打发 dǎ·fa
打量 dǎ·liang
打算 dǎ·suan
打听 dǎ·ting
大夫 dài·fu
带子 dài·zi
袋子 dài·zi
单子 dān·zi
耽搁 dān·ge
耽误 dān·wu
胆子 dǎn·zi
担子 dàn·zi
刀子 dāo·zi
道士 dào·shi
稻子 dào·zi
灯笼 dēng·long
凳子 dèng·zi
提防 dī·fang
笛子 dí·zi
底子 dǐ·zi
弟弟 dì·di
点心 diǎn·xin
调子 diào·zi
钉子 dīng·zi
东家 dōng·jia
动静 dòng·jing
动弹 dòng·tan
豆腐 dòu·fu
豆子 dòu·zi
嘟囔 dū·nang
肚子 dǔ·zi
肚子 dù·zi
缎子 duàn·zi
队伍 duì·wu
对付 duì·fu
多么 duō·me
蛾子 é·zi
儿子 ér·zi
耳朵 ěr·duo

贩子 fàn•zi
房子 fáng•zi
份子 fèn•zi
风筝 fēng•zheng
疯子 fēng•zi
福气 fú•qi
斧子 fǔ•zi
盖子 gài•zi
甘蔗 gān•zhe
杆子 gān•zi
杆子 gǎn•zi
杠子 gàng•zi
高粱 gāo•liang
膏药 gāo•yao
稿子 gǎo•zi
告诉 gào•su
疙瘩 gē•da
哥哥 gē•ge
胳膊 gē•bo
鸽子 gē•zi
格子 gé•zi
个子 gè•zi
根子 gēn•zi
跟头 gēn•tou
工夫 gōng•fu
弓子 gōng•zi
公公 gōng•gong
功夫 gōng•fu
钩子 gōu•zi
姑姑 gū•gu
姑娘 gū•niang
谷子 gǔ•zi
骨头 gǔ•tou
故事 gù•shi
寡妇 guǎ•fu
褂子 guà•zi
怪物 guài•wu
关系 guān•xi
官司 guān•si
罐头 guàn•tou
罐子 guàn•zi
规矩 guī•ju
闺女 guī•nü
鬼子 guǐ•zi
柜子 guì•zi
棍子 gùn•zi
锅子 guō•zi
果子 guǒ•zi
蛤蟆 há•ma
孩子 hái•zi
含糊 hán•hu
汉子 hàn•zi
行当 háng•dang
合同 hé•tong
和尚 hé•shang
核桃 hé•tao
盒子 hé•zi
红火 hóng•huo
猴子 hóu•zi
后头 hòu•tou
厚道 hòu•dao
狐狸 hú•li
胡萝卜 húluó•bo
胡琴 hú•qin
糊涂 hú•tu
护士 hù•shi

皇上 huáng·shang
幌子 huǎng·zi
活泼 huó·po
火候 huǒ·hou
伙计 huǒ·ji
机灵 jī·ling
脊梁 jǐ·liang
记号 jì·hao
记性 jì·xing
夹子 jiā·zi
家伙 jiā·huo
架势 jià·shi
架子 jià·zi
嫁妆 jià·zhuang
尖子 jiān·zi
茧子 jiǎn·zi
剪子 jiǎn·zi
见识 jiàn·shi
毽子 jiàn·zi
将就 jiāng·jiu
交情 jiāo·qing
饺子 jiǎo·zi
叫唤 jiào·huan
轿子 jiào·zi
结实 jiē·shi
街坊 jiē·fang
姐夫 jiě·fu
姐姐 jiě·jie
戒指 jiè·zhi
金子 jīn·zi
精神 jīng·shen
镜子 jìng·zi
舅舅 jiù·jiu
橘子 jú·zi
句子 jù·zi
卷子 juàn·zi
咳嗽 ké·sou
客气 kè·qi
空子 kòng·zi
口袋 kǒu·dai
口子 kǒu·zi
扣子 kòu·zi
窟窿 kū·long
裤子 kù·zi
快活 kuài·huo
筷子 kuài·zi
框子 kuàng·zi
困难 kùn·nan
阔气 kuò·qi
喇叭 lǎ·ba
喇嘛 lǎ·ma
篮子 lán·zi
懒得 lǎn·de
浪头 làng·tou
老婆 lǎo·po
老实 lǎo·shi
老太太 lǎotài·tai
老头子 lǎotóu·zi
老爷 lǎo·ye
老子 lǎo·zi
姥姥 lǎo·lao
累赘 léi·zhui
篱笆 lí·ba
里头 lǐ·tou
力气 lì·qi
厉害 lì·hai

利落 lì•luo
利索 lì•suo
例子 lì•zi
栗子 lì•zi
痢疾 lì•ji
连累 lián•lei
帘子 lián•zi
凉快 liáng•kuai
粮食 liáng•shi
两口子 liǎngkǒu•zi
料子 liào•zi
林子 lín•zi
翎子 líng•zi
领子 lǐng•zi
溜达 liū•da
聋子 lóng•zi
笼子 lóng•zi
炉子 lú•zi
路子 lù•zi
轮子 lún•zi
萝卜 luó•bo
骡子 luó•zi
骆驼 luò•tuo
妈妈 mā•ma
麻烦 má•fan
麻利 má•li
麻子 má•zi
马虎 mǎ•hu
码头 mǎ•tou
买卖 mǎi•mai
麦子 mài•zi
馒头 mán•tou
忙活 máng•huo
冒失 mào•shi
帽子 mào•zi
眉毛 méi•mao
媒人 méi•ren
妹妹 mèi•mei
门道 mén•dao
眯缝 mī•feng
迷糊 mí•hu
面子 miàn•zi
苗条 miáo•tiao
苗头 miáo•tou
名堂 míng•tang
名字 míng•zi
明白 míng•bai
模糊 mó•hu
蘑菇 mó•gu
木匠 mù•jiang
木头 mù•tou
那么 nà•me
奶奶 nǎi•nai
难为 nán•wei
脑袋 nǎo•dai
脑子 nǎo•zi
能耐 néng•nai
你们 nǐ•men
念叨 niàn•dao
念头 niàn•tou
娘家 niáng•jia
镊子 niè•zi
奴才 nú•cai
女婿 nǚ•xu
暖和 nuǎn•huo
疟疾 nüè•ji

拍子 pāi•zi
牌楼 pái•lou
牌子 pái•zi
盘算 pán•suan
盘子 pán•zi
胖子 pàng•zi
狍子 páo•zi
盆子 pén•zi
朋友 péng•you
棚子 péng•zi
皮子 pí•zi
脾气 pí•qi
痞子 pǐ•zi
屁股 pì•gu
片子 piān•zi
便宜 pián•yi
骗子 piàn•zi
票子 piào•zi
漂亮 piào•liang
瓶子 píng•zi
婆家 pó•jia
婆婆 pó•po
铺盖 pū•gai
欺负 qī•fu
旗子 qí•zi
前头 qián•tou
钳子 qián•zi
茄子 qié•zi
亲戚 qīn•qi
勤快 qín•kuai
清楚 qīng•chu
亲家 qìng•jia
曲子 qǔ•zi
圈子 quān•zi
拳头 quán•tou
裙子 qún•zi
热闹 rè•nao
人们 rén•men
认识 rèn•shi
日子 rì•zi
褥子 rù•zi
塞子 sāi•zi
嗓子 sǎng•zi
嫂子 sǎo•zi
扫帚 sào•zhou
沙子 shā•zi
傻子 shǎ•zi
扇子 shàn•zi
商量 shāng•liang
晌午 shǎng•wu
上司 shàng•si
上头 shàng•tou
烧饼 shāo•bing
勺子 sháo•zi
少爷 shào•ye
哨子 shào•zi
舌头 shé•tou
身子 shēn•zi
什么 shén•me
婶子 shěn•zi
牲口 shēng•kou
绳子 shéng•zi
师父 shī•fu
师傅 shī•fu
虱子 shī•zi
狮子 shī•zi

石匠 shí•jiang
石榴 shí•liu
石头 shí•tou
时候 shí•hou
拾掇 shí•duo
使唤 shǐ•huan
似的 shì•de
事情 shì•qing
柿子 shì•zi
收成 shōu•cheng
收拾 shōu•shi
首饰 shǒu•shi
叔叔 shū•shu
梳子 shū•zi
舒服 shū•fu
舒坦 shū•tan
疏忽 shū•hu
爽快 shuǎng•kuai
思量 sī•liang
算计 suàn•ji
岁数 suì•shu
孙子 sūn•zi
他们 tā•men
它们 tā•men
她们 tā•men
台子 tái•zi
太太 tài•tai
摊子 tān•zi
坛子 tán•zi
毯子 tǎn•zi
桃子 táo•zi
特务 tè•wu
梯子 tī•zi
蹄子 tí•zi
挑剔 tiāo•ti
挑子 tiāo•zi
条子 tiáo•zi
跳蚤 tiào•zao
铁匠 tiě•jiang
亭子 tíng•zi
头发 tóu•fa
头子 tóu•zi
兔子 tù•zi
妥当 tuǒ•dang
唾沫 tuò•mo
挖苦 wā•ku
娃娃 wá•wa
袜子 wà•zi
晚上 wǎn•shang
尾巴 wěi•ba
委屈 wěi•qu
为了 wèi•le
位置 wèi•zhi
位子 wèi•zi
蚊子 wén•zi
稳当 wěn•dang
我们 wǒ•men
屋子 wū•zi
希罕 xī•han
席子 xí•zi
媳妇 xí•fu
喜欢 xǐ•huan
瞎子 xiā•zi
匣子 xiá•zi
下巴 xià•ba
吓唬 xià•hu

先生 xiān•sheng
乡下 xiāng•xia
箱子 xiāng•zi
相声 xiàng•sheng
消息 xiāo•xi
小伙子 xiǎohuǒ•zi
小气 xiǎo•qi
小子 xiǎo•zi
笑话 xiào•hua
谢谢 xiè•xie
心思 xīn•si
星星 xīng•xing
猩猩 xīng•xing
行李 xíng•li
性子 xìng•zi
休息 xiū•xi
秀才 xiù•cai
秀气 xiù•qi
袖子 xiù•zi
靴子 xuē•zi
学生 xué•sheng
学问 xué•wen
丫头 yā•tou
鸭子 yā•zi
衙门 yá•men
哑巴 yǎ•ba
胭脂 yān•zhi
烟筒 yān•tong
眼睛 yǎn•jing
燕子 yàn•zi
秧歌 yāng•ge
养活 yǎng•huo
样子 yàng•zi
吆喝 yāo•he
妖精 yāo•jing
钥匙 yào•shi
椰子 yē•zi
爷爷 yé•ye
叶子 yè•zi
一辈子 yíbèi•zi
衣服 yī•fu
衣裳 yī•shang
椅子 yǐ•zi
银子 yín•zi
影子 yǐng•zi
应酬 yìng•chou
柚子 yòu•zi
冤枉 yuān•wang
院子 yuàn•zi
月饼 yuè•bing
月亮 yuè•liang
云彩 yún•cai
运气 yùn•qi
在乎 zài•hu
咱们 zán•men
早上 zǎo•shang
怎么 zěn•me
扎实 zhā•shi
眨巴 zhǎ•ba
栅栏 zhà•lan
宅子 zhái•zi
寨子 zhài•zi
张罗 zhāng•luo
丈人 zhàng•ren
帐篷 zhàng•peng
帐子 zhàng•zi

招呼 zhāo•hu
招牌 zhāo•pai
折腾 zhē•teng
这个 zhè•ge
这么 zhè•me
枕头 zhěn•tou
芝麻 zhī•ma
知识 zhī•shi
侄子 zhí•zi
指甲 zhǐ•jia (zhī•jia)
指头 zhǐ•tou(zhí•tou)
种子 zhǒng•zi
珠子 zhū•zi
竹子 zhú•zi
主意 zhǔ•yi (zhú•yi)
主子 zhǔ•zi
柱子 zhù•zi
爪子 zhuǎ•zi
转悠 zhuàn•you
庄稼 zhuāng•jia
庄子 zhuāng•zi
壮实 zhuàng•shi
状元 zhuàng•yuan
锥子 zhuī•zi
桌子 zhuō•zi
粽子 zòng•zi
祖宗 zǔ•zong
嘴巴 zuǐ•ba
作坊 zuō•fang

【可轻读词语练习】

把手 bǎ•shǒu
白天 bái•tiān
摆布 bǎi•bù
摆弄 bǎi•nòng
摆设 bǎi•shè
褒贬 bāo•biǎn
报酬 bào•chóu
报复 bào•fù
报应 bào•yìng
抱怨 bào•yuàn
北边 běi•biān
本钱 běn•qián
鼻涕 bí•tì
别人 bié•rén
别致 bié•zhì
玻璃 bō•lí
不见得 bú jiàn•dé
残疾 cán•jí
差不多 chà•bùduō
长处 cháng•chù
成分 chéng•fèn
诚实 chéng•shí
吃不消 chī•bùxiāo
尺寸 chǐ•cùn
抽屉 chōu•tì
出来 chū•lái
出去 chū•qù
刺激 cì•jī
聪明 cōng•míng
错误 cuò•wù
搭讪 dā•shàn
答复 dá•fù
打交道 dǎ jiāo•dào
大不了 dà•bùliǎo

当铺 dàng•pù
道理 dào•lǐ
得罪 dé•zuì
底细 dǐ•xì
底下 dǐ•xià
点缀 diǎn•zhuì
惦记 diàn•jì
东边 dōng•biān
懂得 dǒng•dé
短处 duǎn•chù
对不起 duì•bùqǐ
翻腾 fān•téng
反正 fǎn•zhèng
费用 fèi•yòng
分寸 fēn•cùn
分量 fèn•liàng
风水 fēng•shuǐ
凤凰 fèng•huáng
夫人 fū•rén
扶手 fú•shǒu
服侍 fú•shì
斧头 fǔ•tóu
父亲 fù•qīn
干净 gān•jìng
干粮 gān•liáng
感激 gǎn•jī
告示 gào•shì
格式 gé•shì
跟前 gēn•qián
工钱 gōng•qián
工人 gōng•rén
公家 gōng•jiā
公平 gōng•píng
功劳 gōng•láo
恭维 gōng•wéi
勾当 gòu•dàng
估量 gū•liáng
固执 gù•zhí
过来 guò•lái
过去 guò•qù
害处 hài•chù
行家 háng•jiā
好处 hǎo•chù
和气 hé•qì
荷包 hé•bāo
喉咙 hóu•lóng
后边 hòu•biān
后面 hòu•miàn
花费 huā•fèi
滑稽 huá•jī
荒唐 huāng•táng
黄瓜 huáng•guā
恍惚 huǎng•hū
回来 huí•lái
回去 huí•qù
晦气 huì•qì
活动 huó•dòng
火气 huǒ•qì
伙食 huǒ•shí
祸害 huò•hài
机会 jī•huì
机器 jī•qì
机器人 jī•qìrén
记得 jì•dé
忌讳 jì•huì
家具 jiā•jù

价钱 jià·qián
缰绳 jiāng·shéng
讲究 jiǎng·jiū
禁不住 jīn·búzhù
进来 jìn·lái
进去 jìn·qù
近视 jìn·shì
觉得 jué·dé
看不起 kàn·bùqǐ
看见 kàn·jiàn
考究 kǎo·jiū
靠不住 kào·búzhù
客人 kè·rén
苦头 kǔ·tóu
会计 kuài·jì
宽敞 kuān·chǎng
魁梧 kuí·wú
拉拢 lā·lǒng
来不及 lái·bùjí
牢骚 láo·sāo
老人家 lǎo·rén·jiā
老鼠 lǎo·shǔ
冷不防 lěng·bùfáng
冷清 lěng·qīng
里边 lǐ·biān
里面 lǐ·miàn
理事 lǐ·shì
力量 lì·liàng
了不得 liǎo·bù·dé
了不起 liǎo·bùqǐ
邻居 lín·jū
伶俐 líng·lì
琉璃 liú·lí
露水 lù·shuǐ
逻辑 luó·jí
埋伏 mái·fú
卖弄 mài·nòng
毛病 máo·bìng
没有 méi·yǒu
玫瑰 méi·guī
眉目 méi·mù
门面 mén·miàn
棉花 mián·huā
免得 miǎn·dé
摸索 mō·suǒ
母亲 mǔ·qīn
牡丹 mǔ·dān
哪里 nǎ·lǐ
那里 nà·lǐ
南边 nán·biān
南瓜 nán·guā
南面 nán·miàn
难处 nán·chù
泥鳅 ní·qiū
挪动 nuó·dòng
排场 pái·chǎng
牌坊 pái·fāng
佩服 pèi·fú
喷嚏 pēn·tì
碰见 pèng·jiàn
琵琶 pí·pá
篇幅 piān·fú
撇开 piē·kāi
泼辣 pō·là
破绽 pò·zhàn
魄力 pò·lì

菩萨 pú•sà
葡萄 pú•táo
葡萄酒 pú•táojiǔ
葡萄糖 pú•táotáng
起来 qǐ•lái
气氛 qì•fēn
前边 qián•biān
前面 qián•miàn
敲打 qiāo•dǎ
瞧见 qiáo•jiàn
俏皮 qiào•pí
亲事 qīn•shì
轻巧 qīng•qiǎo
情形 qíng•xíng
情绪 qíng•xù
去处 qù•chù
任务 rèn•wù
容易 róng•yì
洒脱 sǎ•tuō
上边 shàng•biān
上来 shàng•lái
上面 shàng•miàn
上去 shàng•qù
舍不得 shě•bù•dé
身份 shēn•fèn
神气 shén•qì
神仙 shén•xiān
生日 shēng•rì
尸首 shī•shǒu
使得 shǐ•dé
势力 shì•lì
势头 shì•tóu
手巾 shǒu•jīn
书记 shū•jì
熟悉 shú•xī
说法 shuō•fǎ
算盘 suàn•pán
孙女 sūn•nǚ
太监 tài•jiàn
太阳 tài•yáng
态度 tài•dù
提拔 tí•bá
体谅 tǐ•liàng
体面 tǐ•miàn
替换 tì•huàn
听见 tīng•jiàn
通融 tōng•róng
痛快 tòng•kuài
透亮 tòu•liàng
徒弟 tú•dì
外边 wài•biān
外面 wài•miàn
围裙 wéi•qún
味道 wèi•dào
西瓜 xī•guā
喜鹊 xǐ•què
下边 xià•biān
下来 xià•lái
下面 xià•miàn
下去 xià•qù
显得 xiǎn•dé
想法 xiǎng•fǎ
小姐 xiǎo•jiě
小心 xiǎo•xīn
晓得 xiǎo•dé
心里 xīn•lǐ

新鲜 xīn•xiān
薪水 xīn•shuǐ
修行 xiū•xíng
烟囱 yān•cōng
妖怪 yāo•guài
摇晃 yáo•huàng
夜里 yè•lǐ
已经 yǐ•jīng
义气 yì•qì
益处 yì•chù
意见 yì•jiàn
意识 yì•shí
因为 yīn•wèi
樱桃 yīng•táo
应付 yìng•fù
用处 yòng•chù
右边 yòu•biān
右面 yòu•miàn
遇见 yù•jiàn
鸳鸯 yuān•yāng
愿意 yuàn•yì
月季 yuè•jì
匀称 yún•chèn
糟蹋 zāo•tà
早晨 zǎo•chén
渣滓 zhā•zǐ
照顾 zhào•gù
照应 zhào•yìng
折磨 zhé•mó
这里 zhè•lǐ
阵势 zhèn•shì
证人 zhèng•rén
知道 zhī•dào
侄女 zhí•nǚ
值得 zhí•dé
志气 zhì•qì
周到 zhōu•dào
主人 zhǔ•rén
嘱咐 zhǔ•fù
住处 zhù•chù
资格 zī•gé
左边 zuǒ•biān
左面 zuǒ•miàn
座位 zuò•wèi

(三)儿化

1. 儿化解读

普通话以北方话为基础方言，儿化现象是北方话的特点之一，是由词尾“儿”变化而来。词尾“儿”本是一个独立的音节，由于在口语中处于轻读的地位，长期与前面的音节流利地连读而产生音变，“儿”(er)失去了独立性，只保持一个卷舌动作，使两个音节融合成为一个音节，前面的音节或多或少地发生变化。这种语音现象就是“儿化”，这种带有卷舌色彩的韵母就叫“儿化韵”。儿化音节虽然可以用两个汉字表示，但并不是两个音节，读的时候仍要念成一个音节，拼写的时候在原来韵母的后面加上一个“r”，如“花儿”写成 huār，“门儿”写成 ménr。

普通话的韵母除了 ê、er 不儿化外，其他韵母都有儿化现象。

儿化的主要作用是：

(1)表示温和、喜爱的感情色彩，例如：女孩儿、红花儿。

(2)形容细小、轻微的状态和性质，例如：一点儿、小米儿。

(3)确定词性。兼作动词、名词或兼作形容词、名词的词，儿化后确定为名词词性。例如：盖／盖儿、尖／尖儿。

(4)区别词义。例如：头(脑袋)/ 头儿(带头的、领导人)、白面(面粉)/ 白面儿(白色的粉末或指毒品海洛因)。

普通话儿化词的发展趋势是趋向减少，近年来出现的新词一般不再读儿化。没有区别词义作用的儿化一般也不要读作儿化(例如“电影、上班”)。

2. 儿化练习

挨个儿 āigèr
把门儿 bǎménr
板擦儿 bǎncār
半道儿 bàndàor
半截儿 bànjiér
包干儿 bāogānr
包圆儿 bāoyuánr
被窝儿 bèiwōr
鼻梁儿 bíliángr
笔杆儿 bǐgǎnr
别针儿 biézhēnr
冰棍儿 bīnggùnr
脖颈儿 bógěngr
茶馆儿 cháguǎnr
差点儿 chàdiǎnr
唱歌儿 chànggēr
抽空儿 chōukòngr
出圈儿 chūquānr
打盹儿 dǎdǔnr
打嗝儿 dǎgér
打晃儿 dǎhuàngr
打鸣儿 dǎmíngr
打杂儿 dǎzár
打转儿 dǎzhuànr
大褂儿 dàguàr
大伙儿 dàhuǒr
大婶儿 dàshěnr
大腕儿 dàwànr
蛋黄儿 dànhuángr
蛋清儿 dànqīngr
旦角儿 dànjuér
刀把儿 dāobàr
刀背儿 dāobèir
刀刃儿 dāorènr
灯泡儿 dēngpàor
垫底儿 diàndǐr
掉价儿 diàojiàr
顶牛儿 dǐngniúr
豆角儿 dòujiǎor
豆芽儿 dòuyár
逗乐儿 dòulèr
肚脐儿 dùqír
儿媳妇儿 érxífùr
耳垂儿 ěrchuír

耳膜儿 ěrmór
饭馆儿 fànguǎnr
饭盒儿 fànhér
粉末儿 fěnmòr
赶趟儿 gǎntàngr
钢镚儿 gāngbèngr
高跟儿鞋 gāogēnrxié
哥们儿 gē·menr
瓜瓤儿 guāránɡr
瓜子儿 guāzǐr
拐弯儿 guǎiwānr
果冻儿 guǒdòngr
好玩儿 hǎowánr
合群儿 héqúnr
花瓶儿 huāpíngr
花样儿 huāyàngr
号码儿 hàomǎr
红包儿 hóngbāor
后跟儿 hòugēnr
壶盖儿 húgàir
胡同儿 hútòngr
花盆儿 huāpénr
火罐儿 huǒguànr
火锅儿 huǒguōr
火苗儿 huǒmiáor
火星儿 huǒxīngr
记事儿 jìshìr
夹缝儿 jiāfèngr
加塞儿 jiāsāir
加油儿 jiāyóur
脚印儿 jiǎoyìnr
叫好儿 jiàohǎor
酒盅儿 jiǔzhōngr
锯齿儿 jùchǐr
绝着儿 juézhāor
开春儿 kāichūnr
开窍儿 kāiqiàor
坎肩儿 kǎnjiānr
口哨儿 kǒushàor
口罩儿 kǒuzhàor
快板儿 kuàibǎnr
拉链儿 lāliànr
老本儿 lǎoběnr
老伴儿 lǎobànr
老头儿 lǎotóur
泪珠儿 lèizhūr
梨核儿 líhúr
脸蛋儿 liǎndànr
脸盘儿 liǎnpánr
聊天儿 liáotiānr
露馅儿 lòuxiànr
落款儿 luòkuǎnr
麻花儿 máhuār
毛驴儿 máolǘr
冒尖儿 màojiānr
没词儿 méicír
没谱儿 méipǔr
没准儿 méizhǔnr
门洞儿 méndòngr
门槛儿 ménkǎnr
门口儿 ménkǒur
门铃儿 ménlíngr
蜜枣儿 mìzǎor
棉球儿 miánqiúr
面条儿 miàntiáor
名牌儿 míngpáir

摸黑儿 mōhēir
模特儿 mótèr
墨水儿 mòshuǐr
墨汁儿 mòzhīr
纳闷儿 nàmènr
脑瓜儿 nǎoguār
年头儿 niántóur
纽扣儿 niǔkòur
胖墩儿 pàngdūnr
跑调儿 pǎodiàor
跑腿儿 pǎotuǐr
绕远儿 ràoyuǎnr
人影儿 rényǐngr
人缘儿 rényuánr
嗓门儿 sǎngménr
砂轮儿 shālúnr
扇面儿 shànmiànr
石子儿 shízǐr
收摊儿 shōutānr
手绢儿 shǒujuànr
手套儿 shǒutàor
送信儿 sòngxìnr
蒜瓣儿 suànbànr
碎步儿 suìbùr
痰盂儿 tányúr
提成儿 tíchéngr
天窗儿 tiānchuāngr
挑刺儿 tiāocìr
跳高儿 tiàogāor
透亮儿 tòuliàngr
图钉儿 túdīngr
玩意儿 wányìr
围嘴儿 wéizuǐr

戏法儿 xìfǎr
线轴儿 xiànzhóur
香肠儿 xiāngchángr
小辫儿 xiǎobiànr
小丑儿 xiǎochǒur
小葱儿 xiǎocōngr
小孩儿 xiǎoháir
小曲儿 xiǎoqǔr
小人儿书 xiǎorénrshū
小说儿 xiǎoshuōr
小偷儿 xiǎotōur
小瓮儿 xiǎowèngr
小鞋儿 xiǎoxiér
小熊儿 xiǎoxióngr
笑话儿 xiào • huar
鞋带儿 xiédàir
心眼儿 xīnyǎnr
杏仁儿 xìngrénr
牙签儿 yáqiānr
牙刷儿 yáshuār
烟卷儿 yānjuǎnr
眼镜儿 yǎnjìngr
药方儿 yàofāngr
一点儿 yìdiǎnr
一块儿 yíkuàir
一下儿 yíxiàr
一阵儿 yízhènr
衣兜儿 yīdōur
邮戳儿 yóuchuōr
有劲儿 yǒujìnr
有数儿 yǒushùr
鱼漂儿 yúpiāor
雨点儿 yǔdiǎnr

杂院儿 záyuànr
在哪儿 zàinǎr
在这儿 zàizhèr
栅栏儿 zhà · lanr
找茬儿 zhǎochár
照片儿 zhàopiānr
针鼻儿 zhēnbír
主角儿 zhǔjuér
抓阄儿 zhuājiūr
走神儿 zǒushénr
走味儿 zǒuwèir
做活儿 zuòhuór

第三部分

北京方音辨正

北京话并不等于普通话。普通话以北京语音为标准音，是就整个语音系统而言，并不包括北京的土音土语。严格地说，北京话也是一种方言，尽管它是最接近标准普通话的方言。北京人要掌握标准的普通话，就需要剔除不属于普通话的土音土语，如：《北京晚报》1998 年 5 月 23 日有一篇报道进口二手保龄球球道的消息，文中写道："有的旧零件看着挺好，用不了两年就拉稀，它那儿一汤泡饭，整个儿球道就得 歴泥。"这里用了一些北京人感到很亲切的方言词语："拉稀""汤泡饭""歴泥"，可外地人未必能理解，在正式场合应慎用。

世代居住在北京老城区的北京人所说的话是最能代表北京话特点的。老北京话更为平民化、俚俗化，显得随意、亲切、诙谐，被称为京片子。现在居住在北京市行政区域内的北京人说的虽然并不一定是北京话，但是由于受北京话影响，也存在着与北京话相同或相似的语音问题。

远郊区延庆、平谷的方音更具有明显的地方特点，例如：

1. 延庆方音

在声母方面，一些开口呼零声母音节前面加上了 n 或 ng，如：把"安全"读成 nānquán，把"恶心"读成 ngěxīn。

在韵母方面，有的音节的韵母与普通话不同，如：把"花生"读成 huāshēn，把"疙瘩"读成 gā・da，把"小子"读成 xiě・zi，把"炉子"读成 lóu・zi。

延庆方音的特点主要体现在声调方面：

阴平声调：在有的词语中读成阳平，如："小猫"的"猫"读成 máo；在有的词语中读成上声，如："牙膏"的"膏"读成 gǎo；在有的词语中读成去声，如："医生"的"医"读成 yì。

阳平声调：在有的词语中读成阴平，如："国家"的"国"读成 guō；在有的词语中读成上声，如："然而"的"而"读成 ěr；在有的词语中读成去声，如："没有"的"没"读成 mèi。

上声声调：在有的词语中读成阴平，如："铁锨"的"铁"读成 tiē；在有的词语中读成阳平，如："嘱咐"的"嘱"读成 zhú；在有的词语中读成去声，如："而且"的"且"读成 qiè。

去声声调：在有的词语中读成阴平，如："客人"的"客"读成 kē；在有的词语中读成阳平，如："复习"的"复"读成 fú；在有的词语中读成上声，如："腹部"的"腹"读成 fǔ。

2. 平谷方音

在语音方面，最显著的特点是阴平和阳平互换。

(1)将阴平换成阳平

"东方、发音、开车"这三个双音节词语，在普通话中每个音节的声调都是阴平，而平谷方音却把每个音节都读成阳平：把"东方"读成 dóngfáng，把"发音"读成 fáyín，把"高烧"读成 gáosháo，把"开车"读成 káiché。

(2)将阳平换成阴平

"民族、神奇、羊毛"这三个双音节词语，在普通话中每个音节的声调都是阳平，而平谷方音却把每个音节都读成阴平：把"民族"读成 mīnzū，把"神奇"读成 shēnqī，把"同情"读成 tōngqīng，把"羊毛"读成 yāngmāo。

找到方音与普通话标准音的对应规律，有助于较快地纠正方音，提高普通话水平。

语言是发展变化的，北京话也一样。近年来，随着北京城市规模扩大，移民增加，人员交流频繁，居民文化程度提高，以及"推普"工作的开展，现在的北京话与几十年前的北京话已经不太一样了，北京话与普通话的差别已经缩小了。如下列词语：

取灯儿(火柴)	电驴子(摩托车)
趿拉板儿(拖鞋)	毛窝(棉鞋)
倍儿棒(很好)	鸡子儿(鸡蛋)
推头(理发)	公母俩 gū·muliǎ(夫妻二人)
吃咂儿(婴儿吃奶)	坏嘎嘎 huàigá·gar(说人坏，玩笑话)

几十年前还活跃在北京人的口语中，可现在，说这些土词的人已经

不多了。一些依附于土词的土音也逐渐消失了，如：

“日崩了 rībēng·le”(走了)　“拾翻 shī·fan”(翻弄寻找)

“chuǎ 雨”(蹚雨水)　“概搂 gái·lou”(把东西都收归自己)

“jièbǐr”(隔壁)　“膈儿了 gěr·le”(死了)

“当当(读 diāngdiāng)车”(有轨电车)

“呵喽着 hēr·louzhe”(让小孩儿骑在大人脖子上)

“破谜儿 pòmènr”(猜谜语)　“驴唇 lū·chun”(被抽打的伤痕)

“替另 tílìng”(重新、另外)　“hēn·da”(责备，斥责)

现在，年轻人、文化程度较高的人更愿意使用普通话交流。据一项调查显示，大部分土生土长的北京年轻人更向往普通话，大部分的新移民希望自己的孩子说普通话。尽管如此，现在的北京话与普通话还是有一定差别的。北京话是生活语言，它的口语色彩很浓，存在着明显的内部分歧，只要不影响意思的表达，字词读音比较自由、随便，如：“拂落”说成 hú·lu，“论斤卖”说成 lìnjīnmài，“萝卜(luó·bo)”也有读“萝(luó·bei)”的；“别把东西弄(nòng)坏了”这句话中的“弄”北京话中有读 nèng 的，也有读 nòu 的；方言词“忒”，北京话中有读 tuī 的，也有读 tēi 的。“蝴蝶”有说 hùtiěr 的，也有说 hùdiěr 的。所以，北京人应注意区分北京话与普通话的不同，这样才能提高普通话水平。下面，我们从声母、韵母、声调及语流音变、多音字，多音词语几方面对北京话和普通话进行辨析。

一、声母辨正

北京人在声母发音方面一般不存在问题，但也会偶然出现一些语音错误，主要体现在以下几方面：

1. 口语中的习惯读音与普通话标准音不同

北京人口语中一些词语的声母读音与普通话标准音不同，但是已经习惯成自然，都不太注意。例如：“天怎么这么热啊”中的“这么”常读成 zèn·me，“只要努力就能行”中的“只要”常读成 zíyào。“这么”“只要”的声母都应是 zh，但是在北京人口语中都变成 z 了，“只”的声调也从上声变成阳平了。

下面再举一些例子：

板凳儿　“凳”的声母是 d，“凳”应读 dèng，不读 tèng。

半夜三更　“更”的声母是 g，“更”应读 gēng，不读 jīng。
庇护　“庇”的声母是 b，“庇”应读 bì，不读 pì。
遍地　“遍”的声母是 b，“遍”应读 biàn，不读 piàn。
濒临　“濒”的声母是 b，“濒”应读 bīn，不读 pín。
簸箕　“箕”的声母是 j，“箕”应读·ji 不读·qi
捕获　“捕”的声母是 b，“捕”应读 bǔ，不读 pǔ。
哺育　“哺”的声母是 b，“哺”应读 bǔ，不读 pǔ。
嘈杂　“嘈”的声母是 c，“嘈”应读 cáo，不读 zāo。
刹那　“刹”的声母是 ch，“刹”应读 chà，不读 shà。
炽热　“炽”的声母是 ch，“炽”应读 chì，不读 zhì。
垂涎三尺　“涎”的声母是 x，“涎”应读 xián，不读 yán。
粗糙　“糙”的声母是 c，“糙”应读 cāo，不读 zào。
粗犷　“犷”的声母是 g，“犷”应读 guǎng，不读 kuàng。
堤坝　“堤”的声母是 d，“堤”应读 dī，不读 tí。
缔结　“缔”的声母是 d，“缔”应读 dì，不读 tì。
顶撞　“撞”的声母是 zh，“撞”应读 zhuàng，不读 chuàng。
耳朵　“朵”的声母是 d，“朵”应读·duo，不读·tou。
繁殖　“殖”的声母是 zh，“殖”应读 zhí，不读 chì
复辟　“辟”的声母是 b，“辟”应读 bì，不读 pì。
耕地　“耕”的声母是 g，“耕”应读 gēng，不读 jīng。
混淆　“淆”的声母是 x，“淆”应读 xiáo，不读 yáo。
活泼　“泼”的声母是 p，“泼”应读·po 不读·bō。
机械　“械”的声母是 x，“械”应读 xiè，不读 jiè。
歼灭　“歼”的声母是 j，“歼”应读 jiān，不读 qiān。
缰绳　“缰”的声母是 j，“缰”应读 jiāng，不读 gāng。
酵母　“酵”的声母是 j，“酵”应读 jiào，不读 xiào
接触　“触”的声母是 ch，“触”应读 chù，不读 zhù。
结束　“束”的声母是 sh，“束”应读 shù，不读 sù。
浸泡　“浸”的声母是 j，“浸”应读 jìn，不读 qīn 或 qǐn。
腈纶　“腈”的声母是 j，“腈”应读 jīng，不读 qíng。
沮丧　“沮”的声母是 j，“沮”应读 jǔ，不读 zǔ。
俊俏　“俊”的声母是 j，“俊”应读 jùn，不读 zùn。
麻痹　“痹”的声母是 b，“痹”应读 bì，不读 pí。

谬论　　“谬”的声母是 m，“谬”应读 miù，不读 niù。

屁股　　“股”的声母是 g，“股”应读·gu，不读·ku。

乒乓球　　“乒乓”的声母是 p，“乒乓”应读 pīngpāng，不读 bīng bāng。

气馁　　“馁”的声母是 n，“馁”应读 nēi，不读 něi。

栖息　　“栖”的声母是 q，“栖”应读 qī，不读 xī。

同胞　　“胞”的声母是 b，“胞”应读 bāo，不读 pāo。

外埠　　“埠”的声母是 b，“埠”应读 bù，不读 fǔ。

吸吮　　“吮”的声母是 sh，“吮”应读 shǔn，不读 rǔn。

膝盖　　“膝”的声母是 x，“膝”应读 xī，不读 qī

一堆　　“堆”的声母是 d，“堆”应读 duī，不读 zuī。

暂时　　“暂”的声母是 z，“暂”应读 zàn，不读 zhǎn，或 zhàn。

债券　　“券”的声母是 q，“券”应读 quàn，不读 juàn

秩序　　“秩”的声母是 zh，“秩”应读 zhì，不读 chì。

龇牙　　“龇”的声母是 z，“龇”应读 zī，不读 cī。

2. 声母 j q x 发音部位靠前，有尖音色彩

说话时是否存在尖音色彩，是判断普通话是否说得标准的一个重要因素。在普通话水平测试中，北京地区有些应试人就是因为有尖音缺陷而难以达到一级甲等的目标。

“尖音”是与“团音”相对的一个语音学概念。“尖音”指的是声母 z、c、s 与 i、ü 或 i、ü 起头的韵母相拼，如：把“尖、千、先”读作 ziān、ciān、siān；“团音”指的是声母 j、q、x 与 i、ü 或 i、ü 起头的韵母相拼，如：“兼、牵、掀”读作 jiān、qiān、xiān。有的方言如河南话分“尖、团音”，京剧中的韵白由于受其来源湖广音的影响也有“尖音”字，但普通话语音中是不分“尖、团”的，z、c、s 是不能与 i、ü 或 i、ü 起头的韵母相拼的。如“尖”和“兼”都读作 jiān，“千”和“牵”都读作 qiān，“先”和“掀”都读作 xiān。既然如此，那么，如果把 j、q、x 开头的音节读作 z、c、s 开头就是语音错误；如果虽未读作 z、c、s，但发音部位靠近 z、c、s，就是语音缺陷。

现在，北京一些人说话中出现的“尖音”现象并不都是受分“尖团音”的方言影响，只是在读舌面前音 j、q、x 开头的音节时，发音部位明显靠前，同时带有舌尖部位的摩擦，即发舌面前音 j、q、x 时带有舌尖前音 z、c、s 的色彩。这种尖音现象是不规则、无规律的，时隐时现，时

轻时重，常见 j、q 不出现尖音，或较轻微，x 则明显，称为纷乱的尖音。

怎样纠正“尖音”呢？关键是区别舌面前音 j、q、x 与舌尖前音 z、c、s 的发音部位。在发 j、q、x 时，舌面前部隆起，抵住或接近硬腭最前端构成阻碍；发 z、c、s 时舌尖向前平伸，接触或接近上齿背（或下齿背）构成阻碍。在发舌面前音 j、q、x 时，要让舌尖深深地垂到下门齿背后，一定不要使舌尖在发音中起作用，舌面也不能碰上齿背或上齿龈，这样就不会出现“尖音”现象了。

【词语朗读练习】（注意 j q x 的发音部位）

讥笑	jīxiào	机警	jījǐng	家禽	jiāqín
坚强	jiānqiáng	讲学	jiǎngxué	郊区	jiāoqū
揭晓	jiēxiǎo	金钱	jīnqián	精细	jīngxì
举行	jǔxíng	军训	jūnxùn	气节	qìjié
前线	qiánxiàn	抢修	qiǎngxiū	亲近	qīnjìn
清秀	qīngxiù	取消	qǔxiāo	全线	quánxiàn
喜庆	xǐqìng	细小	xìxiǎo	下旬	xiàxún
先驱	xiānqū	乡亲	xiāngqīn	消遣	xiāoqiǎn
肖像	xiàoxiàng	新居	xīnjū	星球	xīngqiú
雄心	xióngxīn	血型	xuèxíng	寻求	xúnqiú

3. 声母 z c s 发音部位靠前，有齿间音色彩

齿间音是北京地区普通话水平测试中常见的一种语音缺陷。齿间音指的是在发 z、c、s 这三个舌尖前音时，把舌尖放到上下齿的中间，甚至伸出上下齿之外。发齿间音时有摩擦声。纠正齿间音的关键是找准 z、c、s 的发音部位。z、c、s 是舌尖前音。发 z、c 时，舌尖向前平伸，顶住上门齿背或下门齿背，构成阻碍，然后把舌尖放松一点，使气流从窄缝中透出来；发 s 时，舌尖向前平伸，向上门齿背或下门齿背接近，中间留一道窄缝，让气流挤出来。可见，发 z、c、s 时，舌尖的位置都是在上门齿背后（也有人将舌尖放在下门齿背后，听起音色没有差别），而决不能放到上下门齿中间或上下门齿之外。

为了纠正齿间音，可以选一些以 z、c、s 开头的音节组成的词语，进行朗读训练。训练时将上齿掩住下齿，不留距离，以防止舌尖放到上下齿之间，或上下齿之外，练习多遍后再将牙齿松开。这样一来，就不会出现齿间音的缺陷了。

【词语朗读练习】（注意 z c s 的发音部位）

再造 zàizào	在座 zàizuò	赞颂 zànsòng
葬送 zàngsòng	赠送 zèngsòng	资财 zīcái
子孙 zǐsūn	紫菜 zǐcài	自私 zìsī
自在 zìzài	自尊 zìzūn	棕色 zōngsè
走私 zǒusī	阻塞 zǔsè	遵从 zūncóng
作祟 zuòsuì	座舱 zuòcāng	彩色 cǎisè
参赛 cānsài	蚕丝 cánsī	惨死 cǎnsǐ
沧桑 cāngsāng	操纵 cāozòng	操作 cāozuò
厕所 cèsuǒ	测算 cèsuàn	粗俗 cūsú
色彩 sècǎi	色泽 sèzé	私自 sīzì

二、韵母辨正

北京人在韵母方面一般不存在发音问题，但是，在口语中一些词语的韵母出现了变读，与普通话标准音不同，值得注意。例如：

把书拿来	“把”，北京方言读 bǎi，应读 bǎ。
甭去	“甭”，北京方言读 bíng，应读 béng 。
闭上	“闭”，北京方言读 bìn，应读 bì。
大伯	“伯”，北京方言读 bāi，应读 bó。
大叔	“叔”，北京方言读 shōu ，应读 shū 。
胆怯	“怯”，北京方言读 què，应读 qiè 。
逮住	“逮”，北京方言读 dēi，应读 dǎi 。
沸点	“沸”，北京方言读 fú，应读 fèi 。
俘虏	“虏”，北京方言读 luǒ，应读 lǔ。
过磅	“磅”，北京方言读 bèng，应读 bàng。
含着	“含”，北京方言读 hén ，应读 hán。
家雀	“雀”，北京方言读 qiǎo ，应读 què。
解剖	“剖”，北京方言读 pāo，应读 pōu 。
理会	“理”，北京方言读 lǚ，应读 lǐ。
劣等	“劣”，北京方言读 lüè，应读 liè 。
流脓	“脓”，北京方言读 néng，应读 nóng 。
木樨	“樨”，北京方言读 xū，应读 xī。
娘们儿	“娘”，北京方言读 niá，应读 niáng。

牛虻	“虻”，北京方言读 máng，应读 méng 。
奴颜婢膝	“婢”，北京方言读 bēi，应读 bì。
披风	“披”，北京方言读 pēi，应读 pī。
全不论	“论”，北京方言读 lìn，应读 lùn。
塞牙	“塞”，北京方言读 sēi，应读 sāi。
塑料	“塑”，北京方言读 suò，应读 sù 。
玩弄	“弄”，北京方言读 nèng 或 nòu，应读 nòng 。
往北	“往”，北京方言读 wàn，应读 wǎng 。
喜鹊	“鹊”，北京方言读·qiu，应读 què 。
陷下去	“陷”，北京方言读 xuàn，应读 xiàn 。
些微	“些”，北京方言读 xuē，应读 xiē。
学好	“学”，北京方言读 xiáo，应读 xué。
寻思	“寻”，北京方言读 xín，应读 xún。
影壁	“壁”，北京方言读·bei，应读 bì。

三、声调辨正

北京话中不少词语的声调不够规范。

例如：北京地名“北苑”“南苑”应分别读作 běiyuàn 、nányuàn，而北京人习惯读成 běiyuán，nányuán；“祈年大街”的“祈”应读作 qí，而北京人习惯读成 qǐ；“蒲黄榆”的“蒲”应读作 pú，而北京人习惯读成 pǔ；“阜成门”的“阜”应读作 fù，而北京人习惯读成 fǔ；“积水潭”的“潭”应读作 tán，而北京人习惯读成 tān；“颐和园”的“颐” 应读作 yí，而北京人习惯读成 yì；“鹫峰 ”的“鹫”应读作 jiù，而北京人习惯读成 jiū。

又如：店铺名“便宜坊”的“坊”应读作 fāng，而北京人习惯读成 fǎng。

再如：姓名读音，姓氏“戈”，应读 gē，而北京人习惯读成 gě，姓氏“撒”应读 sǎ，而北京人习惯读成 sà，姓氏“霍”，应读 huò，而北京人习惯读成 huǒ。人名“司马懿”的“懿”应读 yì，而北京人习惯读成 yí；“曹禺”的“禺”应读 yú，而北京人习惯读成 yǔ。

口语词“遮溜子(借故掩饰自己的思想或行动)”的“遮”应读 zhē，而北京人习惯读成 zhě；“在”zài，北京人常说成 zǎi，如“我 zǎi 学校工作”；“从”cóng，北京人常说成 cǒng，如“我 cǒng 西单过来”；“跟前儿”，北京人常说成 gēnqiǎnr；“黑豆”，北京人常说成 hěidòu；“水牛儿（蜗牛）”，北京人常说成 shuǐniūr。

在三音节词或词组中，如果后两个音节都是去声，北京方音常把倒数第二个音节误读成阳平，如：做报告、看电视、正义路。

下面再举一些一般词语的例子：

1. 北京话中常读错的阴平字

(1)将阴平误读为阳平

弄巧成拙（nòngqiǎochéngzhuō）中的“拙”是阴平，北京人常读作阳平。

戈壁（gēbì）中的“戈”是阴平，北京人常读作阳平。

菠菜（bōcài）中的“菠”是阴平，北京人常读作阳平。

痴呆（chīdāi）中的“痴”是阴平，北京人常读作阳平。

多么（duōme）中的“多”是阴平，北京人常读作阳平。

虽然（suīrán）中的“虽”是阴平，北京人常读作阳平。

(2)将阴平误读为上声

蝙蝠（biānfú）中的“蝙”是阴平，北京人常读作上声。

病菌（bìngjūn）中的“菌”是阴平，北京人常读作上声。

扉页（fēiyè）中的“扉”是阴平，北京人常读作上声。

绯闻（fēiwén）中的“绯”是阴平，北京人常读作上声。

皮肤（pífū）中的“肤”是阴平，北京人常读作上声。

侵略（qīnlüè）中的“侵”是阴平，北京人常读作上声。

倾向（qīngxiàng）中的“倾”是阴平，北京人常读作上声。

蜿蜒（wānyán）中的“蜿”是阴平，北京人常读作上声。

脂肪（zhīfáng）中的“脂”是阴平，北京人常读作上声。

(3)将阴平误读为去声

氛围（fēnwéi）中的“氛”是阴平，北京人常读作去声。

茎叶（jīngyè）中的“茎”是阴平，北京人常读作去声。

玫瑰（méi·guī）中的“瑰”是阴平或轻声，北京人常读作去声。

祛除（qūchú）中的“祛”是阴平，北京人常读作去声。

兴奋（xīngfèn）中的“兴”是阴平，北京人常读作去声。

雪橇（xuěqiāo）中的“橇”是阴平，北京人常读作去声。

憎恨（zēnghèn）中的“憎”是阴平，北京人常读作去声。

2. 北京话中常读错的阳平字

(1)将阳平误读为阴平

挨骂(áimà)中的“挨”是阳平，北京人常读作阴平。

抄袭(chāoxí)中的“袭”是阳平，北京人常读作阴平。

巢穴(cháoxué)中的“巢”是阳平，北京人常读作阴平。

丛书(cóngshū)中的“丛”是阳平，北京人常读作阴平。

汾酒(fénjiǔ)中的“汾”是阳平，北京人常读作阴平。

疾病(jíbìng)中的“疾”是阳平，北京人常读作阴平。

连着(lián·zhe)中的“连”是阳平，北京人常读作阴平。

仍然(réngrán)中的“仍”是阳平，北京人常读作阴平。

水渠(shuǐqú)中的“渠”是阳平，北京人常读作阴平。

着急(zháojí)中的“着”是阳平，北京人常作阴平。

(2)将阳平误读为上声

惩罚(chéngfá)中的“惩”是阳平，北京人常读作上声。

符合(fúhé)中的“符”是阳平，北京人常读作上声。

跟前儿(gēnqiánr)中的“前”是阳平，北京人常读作上声。

溃疡(kuìyáng)中的“疡”是阳平，北京人常读作上声。

潜力(qiánlì)中的“潜”是阳平，北京人常读作上声。

违章(wéizhāng)中的“违”是阳平，北京人常读作上声。

消防(xiāofáng)中的“防”是阳平，北京人常读作上声。

榆钱儿(yúqiánr)中的“钱”是阳平，北京人常读作上声。

棕榈(zōnglǘ)中的“榈”是阳平，北京人常读作上声。

(3)将阳平误读为去声

乘客(chéngkè)中的“乘”是阳平，北京人常读作去声。

痤疮(cuóchuāng)中的“痤”是阳平，北京人常读作去声。

嫉妒(jídù)中的“嫉”是阳平，北京人常读作去声。

即使(jíshǐ)中的“即”是阳平，北京人常读作去声。

军阀(jūnfá)中的“阀”是阳平，北京人常读作去声。

穴位(xuéwèi)中的“穴”是阳平，北京人常读作去声。

娱乐(yúlè)中的“娱”是阳平，北京人常读作去声。

3. 北京话中常读错的上声字

(1)将上声误读为阴平

门诊(ménzhěn)中的“诊”是上声，北京人常读作阴平。

呕吐(ǒutù)中的“呕”是上声，北京人常读作阴平。
匹配(pǐpèi)中的“匹”是上声，北京人常读作阴平。
沼气(zhǎoqì)中的“沼”是上声，北京人常读作阴平。
针灸(zhēnjiǔ)中的“灸”是上声，北京人常读作阴平。
(2)将上声误读为阳平
芭蕾(bālěi)中的“蕾”是上声，北京人常读作阳平。
骨头(gǔ·tou)中的“骨”是上声，北京人常读作阳平。
脊梁(jǐ·liang)中的“脊”是上声，北京人常读作阳平。
脊髓(jǐsuǐ)中的“髓”是上声，北京人常读作阳平。
拟人(nǐrén)中的“拟”是上声，北京人常读作阳平。
(3)将上声误读为去声
卑鄙(bēibǐ)中的“鄙”是上声，北京人常读作去声。
匕首(bǐshǒu)中的“匕”是上声，北京人常读作去声。
颈椎(jǐngzhuī)中的“颈”是上声，北京人常读作去声。
矩形(jǔxíng)中的“矩”是上声，北京人常读作去声。
癖好(pǐhào)中的“癖”是上声，北京人常读作去声。
奢侈(shēchǐ)中的“侈”是上声，北京人常读作去声。
收敛(shōuliǎn)中的“敛”是上声，北京人常读作去声。
4. 北京话中常读错的去声字
(1)将去声误读为阴平
傍晚(bàngwǎn)中的“傍”是去声，北京人常读作阴平。
挫折(cuòzhé)中的“挫”是去声，北京人常读作阴平。
内疚(nèijiù)中的“疚”是去声，北京人常读作阴平。
订正(dìngzhèng)中的“订”是去声，北京人常读作阴平。
甘肃(Gānsù)中的“肃”是去声，北京人常读作阴平。
绢花(juànhuā)中的“绢”是去声，北京人常读作阴平。
瘙痒(sàoyǎng)中的“瘙”是去声，北京人常读作阴平。
召开(zhàokāi)中的“召”是去声，北京人常读作阴平。
(2)将去声误读为阳平
白桦(báihuà)中的“桦”是去声，北京人常读作阳平。
扼杀(èshā)中的“扼”是去声，北京人常读作阳平。
火焰(huǒyàn)中的“焰”是去声，北京人常读作阳平。
因为(yīn·wèi)中的“为”是去声或轻声，北京人常读作阳平。

友谊(yǒuyì)中的“谊”是去声，北京人常读作阳平。

(3)将去声误读为上声

比较(bǐjiào)中的“较”是去声，北京人常读作上声。

灿烂(cànlàn)中的“灿”是去声，北京人常读作上声。

档案(dàng'àn)中的“档”是去声，北京人常读作上声。

附近(fùjìn)中的“附”是去声，北京人常读作上声。

腹部(fùbù)中的“腹”是去声，北京人常读作上声。

复杂(fùzá)中的“复”是去声，北京人常读作上声。

混乱(hùnluàn)中的“混”是去声，北京人常读作上声。

鲫鱼(jìyú)中的“鲫”是去声，北京人常读作上声。

教诲(jiàohuì)中的“诲”是去声，北京人常读作上声。

教室(jiàoshì)中的“室”是去声，北京人常读作上声。

掠夺(lüèduó)中的“掠”是去声，北京人常读作上声。

围绕(wéirào)中的“绕”是去声，北京人常读作上声。

向往(xiàngwǎng)中的“向”是去声，北京人常读作上声。

兴趣(xìngqù)中的“趣”是去声，北京人常读作上声。

亚洲(Yàzhōu)中的“亚”是去声，北京人常读作上声。

质量(zhìliàng)中的“质”是去声，北京人常读作上声。

四、语流音变辨正

1. 轻声辨正

在北京话中的轻声词语很多。老北京话中如：“画眉”“人参”“吉祥”等都是轻声词；“曹操”“清明”“雨水”“顺义”“空竹”等词在口语中一般也读轻声。有些轻声音节的韵母还发生了变化，如：棉花(mián·hua)，北京话读成 mián·huo；黄瓜(huáng·guā)，北京话读成 huáng·guo；拾掇(shí·duo)，北京话读成 shí·dou；耳朵(ěr·duo)，北京话读成ěr·tou；笤帚(tiáo·zhou)，北京话读成 tiáo·zhu；糊涂(hú·tu)，北京话读成 hú·du；孩子(hái·zi)，北京话读成 hái·za；兄弟(xiōng·di)，北京话读成 xiōng·dei。

北京话中有些轻声词的轻声音节韵母读得过轻，几乎消失，甚至使人难以写出相应的汉字，如：解放前北京胡同中常听到“有旧衣服破铺衬(pū·chi)的我买”的吆喝声。铺衬(碎的布头或旧布，做补丁或袼褙用)，规范读音为 pū•chen，而北京话说成 pū•chi，“chi”应写成哪个汉字，就很难确定。因此，一般只能写同音字了，这就导致出现了异形词。如“铺衬”就有写成“铺陈”的；又如“捯饬（dáo•chi）”有写成“捣持”的；“掰哧（bāi•chi）”有写成“掰扯”的。还有一些轻声词的轻声音节在北京话中只剩下声母的本音（声带不颤动）了：豆腐，东西，下去，年下。

有一些不是轻声词的常被读成轻声词，如：大娘（尊称年长妇女），质量，垃圾，医生，脂肪，砖头，年龄，编辑，秘书，邻居。也有一些应读轻声的却没有读轻声，如：灌肠（一种北京小吃），学生，字号（商店的名称）。

由于北京话中轻声词语多，再加上说话时为了省力，语流中有些音素被忽略不读，或一带而过。有的三音节词语变成了双音节词语，如“多早晚”演变成“多咱（duō•zan）”，“干什么”演变成“干吗（gànmá）”，“能耐梗”演变成“能梗儿（géng•genr）”。也有时三音节词语中的第二个音节用“儿”代替（儿与前面的音节合为一体），形成“吃字”（或称“吞字”）现象，使人听不清楚，如：“多少钱”，常说成“多儿钱”；“不知道”常说成“不儿道”；“灯市口”常说成“灯儿口”；“德胜门”常说成“德儿门”；“二十四”常说成“二儿四”；“八十五”常说成“八儿五”；有时双音节词语会说成一个音节：如把“四个”说成“sè”；“告诉”说成“gàng”。北京人说话时要克服这个问题。

2. 儿化辨正

北京话中儿化词语使用的特点之一是随意性强。

当然，北京话中的儿化词语有很多是有规律可循的。一般表示温和、喜爱感情色彩的词语常儿化，如：小孩儿，熊猫儿；形容细小、轻微状态和性质的词语常儿化，如：北京的城门，两个较小的城门“东便门儿”“西便门儿”可以儿化，其他城门则不能儿化。而更多的词语是否儿化则全凭习惯，如：北京地名“红庙儿”儿化，而“药王庙”不儿化；“菜市口儿”儿化，“宫门口”不儿化；“宽街儿”儿化，“烟袋斜街”不儿化；“方巾巷儿”儿化，“东（西）交民巷”不儿化；“天桥儿”儿化，“东大桥”不儿化。这使新到北京的人不好掌握。现在，公交车电子报站时，上述地名均不儿化，这样的语音引导，有助于规范北京话中的儿化词语。

北京话中儿化词语使用的另一特点是被儿化的词语过多。

口语中使用儿化词语可以使人感到亲切，自然；但是过多使用，特别是在正式场合使用则显得不够庄重。所以，在口语中应尽量少一点儿化。如：带头、画面、全盘、剧本、合格、肿瘤、自行车这几个词语，在《普通话水平测试实施纲要》词表和《现代汉语词典》的注音均不儿化，但北京话口语中一般都儿化。在普通话水平测试中，作品 9 号有一句话："假日到河滩上转转，看到许多孩子在放风筝，一根根长长的引线……"如果按北京话习惯，把"一根根长长的引线"读成"一根儿根儿长长的引线儿"，就属于儿化过度使用了。

北京话中有的儿化词语产生了音变，如："这儿"，说成"这儿呵儿"，"那儿"说成"那儿呵儿"，把一个音节说成两个音节了。

现在，出现了一些乱用儿化韵的现象。一种现象是为了贴近北京话，把本不该儿化的也儿化了，如：把"拉洋片(piān)"说成"拉洋片儿(piānr)"把"前门(正阳门)"说成"前门儿"，把"摊贩"说成"摊儿贩"，把"古玩"说成"古玩儿"，把"打尖(旅途中休息下来吃点东西)"说成"打尖儿"，把"玩具"说成"玩儿具"等；还有一种现象是词语中该儿化的音节没有儿化，不该儿化的音节却儿化了。如："猫儿腻"，应该"猫"读儿化韵，有一种读法却把"腻"儿化，说成"猫腻儿"；"兔儿爷"应该"兔"读儿化韵，有一种读法却把"爷"儿化，说成"兔爷儿"，这些儿化韵的使用都是不规范的。

五、多音字读音辨正

有些字的读音不止一个，意义也随之不同，这种字叫多音字。北京话中对多音字读音的选用比较随便，这就造成一些读音错误。要避免读错多音字在词语中的读音，应注意：

1. 了解多音字在词语中的意义

多音字不同的读音表示不同的意义，不了解多音字不同的意义，就会读错字音。下面词语中的多音字就很容易读错(只列举易读错的一个音)：

号　意思是"呼喊，大声哭"时，读 háo，如：哀号，号叫，号哭。

横　意思是"凶暴，意外的"时，读 hèng，如：横财，蛮横，横祸。

扎　意思是"捆，束"时，读 zā，如：包扎，扎裤脚，扎小辫。

卡　意思是"夹，设在交通要道检查、收税之处"时，读 qiǎ，如：边卡，卡壳，卡脖子。

禁　意思是"忍住"时，读 jīn，如：禁受，不禁，禁不住。

与 意思是“参加”时，读 yù，如：参与，与会。

劲 意思是“坚强有力”时，读 jìng，如：苍劲，劲敌。

处 意思是“居住，存在，决定”时，读 chǔ，如：处境，查处，处女。

载 意思是“装，充满”时，读 zài，如：载货，超载，下载，载歌载舞。

称 意思是“适合”时，读 chèn，如：称心，称职，相称。

角 意思是“演员”时，读 jué，如：角色，丑角，名角。

创 意思是“伤”时，读 chuāng，如：创痕，创口，创伤，微创手术。

菲 意思是“微薄”时，读 fěi，如：菲薄，菲礼，菲酌。

涨 意思是“升高、提高”时，读 zhǎng，如：涨潮，高涨，物价上涨。

供 意思是“准备东西给人”时，读 gōng，如：供销，供求，供应。

冠 意思是“帽子”时，读 guān，如：桂冠，树冠，冠心病，皇冠。

几 意思是“将近，小桌子”时，读 jī，如：几乎，几近，几案，茶几。

间 意思是“空隙，隔开”时，读 jiàn，如：间隔，间断，间隙。

看 意思是“守护、监视”时，读 kān，如：看护，看家，看守。

闷 意思是“空气不流通，不出门，声音低沉”时，读 mēn，如：闷热，闷头儿，闷沉沉，闷声闷气。

蒙 意思是“欺骗，昏迷，胡乱猜测”时，读 mēng，如：蒙骗，蒙人，蒙头转向，瞎蒙。

模 意思是“模子”时，读 mú，如：模样，模板，模具，字模儿。

宁 意思是“情愿”时，读 nìng，如：宁可，宁肯，宁愿，宁死不屈。

撇 意思是“丢开，抛弃”时，读 piē，如：撇开，撇弃，撇油。

泊 意思是“湖”时，读 pō，如：湖泊，镜泊湖，梁山泊。

强 意思是“硬要，迫使”时，读 qiǎng，如：勉强，牵强，强词夺理。

悄 意思是“无声或声音低，忧愁”时，读 qiǎo，如：悄声，悄然。除“悄悄，悄悄话”，均为上声。

曲 意思是“弯，不正确”时，读 qū，如：曲线，曲折，曲解，曲尺。姓氏曲读 qū。

臭 意思是“气味”时，读 xiù，如：乳臭，铜臭，无色无臭。

畜 意思是“禽兽”时，读 chù，如：牲畜，家畜，畜生，畜力。

应 意思是“回答，顺应，应付”时，读 yìng，如：响应，呼应，应急。

肖 意思是“相似”时，读 xiào，如：肖像，生肖，惟妙惟肖。

症 意思是“腹内结块的病”时，读 zhēng，如：症结。

钻 意思是“转动钻孔”时，读 zuān，如：钻探，钻心。

2. 区分同一汉字在书面语和口语中的不同读音

要想区分同一汉字在书面语和口语中的不同读音，就应了解它们的不同用法：一般书面语读音用在复音词中，而口语读音一般单用。例如：

薄：(1)bó，用于书面语，多用于复音词，如：淡薄，浅薄，轻薄，鄙薄，日薄西山。

(2)báo，用于口语，单用，如：薄板，薄饼，薄脆，薄棉袄。

剥：(1)bō，用于书面语，如：剥夺，剥离，剥落，剥削，生吞活剥。

(2)bāo，用于口语，如：剥花生，剥皮。

差：(1)chā，用于书面语，如：偏差，色差，差别，差错，差额，差强人意。

(2)chà，用于口语，如：差不多，差不离，差点儿。

澄：(1)chéng，用于书面语，如：澄清，澄碧，澄澈，江澄如练。

(2)dèng，用于口语，单用，如：把汤澄出来，把水澄清了。

逮：(1)dài，用于书面语，如：逮捕。

(2)dǎi，用于口语，单用，如：猫逮老鼠，逮特务。不读 dēi。

给：(1) jǐ，用于书面语，复音词：补给，配给，自给，给养，给予。

(2)gěi，用于口语，单用，如：给他一支笔，医生给他们看病。

嚼：(1)jué，用于书面语，如：咀嚼，过屠门而大嚼。

(2)jiáo，用于口语，如：嚼舌，细嚼慢咽，咬文嚼字。

壳：(1)qiào，用于书面语，如：地壳，甲壳，躯壳，金蝉脱壳。

(2)ké，用于口语。如：贝壳儿，脑壳，鸡蛋壳，子弹壳。

露：(1)lù，用于书面语，如：露骨，露天，赤身露体，露头角，藏头露尾。

(2)lòu，用于口语，如：露怯，露富，露脸，露马脚。

落：(1)luò，用于书面语，如：落笔，落地，涨落，着落。

(2)lào，用于口语，如：落不是，落汗，落价，落色。

蔓：(1)màn，用于书面语，如：蔓草，蔓生植物，蔓延，枝蔓，不蔓不枝。

(2)wàn，用于口语，如：瓜蔓，扁豆爬蔓了。

疟：(1)nüè，用于书面语：疟疾。

(2)yào，用于口语：发疟子。

色：(1)sè，用于书面语，如：色彩，色调，色盲，红色。

(2)shǎi，用于口语，如：掉色，色酒，色子。

塞：(1)sè，用于书面语，如：塞音，塞责，闭塞，阻塞，堰塞湖。

(2)sāi，用于口语，如：塞车，塞子，瓶塞儿，把洞塞住。

葚：(1)shèn，用于书面语：桑葚。

(2)rèn，用于口语：桑葚儿。

熟：(1)shú，用于书面语，如：熟菜，熟食，熟睡，熟铁，熟知，熟字。

(2)shóu，用于口语，如：饭熟了，我跟他很熟。

削：(1)xuē，用于书面语，如：削价，削减，瘦削，削足适履。

(2)xiāo，用于口语，如：削铅笔，削苹果皮，削面。

血：(1)xuè，用于书面语，如：血糖，血压，血泪，贫血，心血，呕心沥血，血泪。

(2)xiě，用于口语，如：血糊糊，血淋淋，鸡血，吐(tù)血，流了一点血。

六、多音词语辨正

有些双音节词语，词形相同，但词义不同，读音也不同。这些词语单读时，读哪个读音都可以；但是，在朗读和说话过程中则应根据词义选择恰当读音，否则，句子的意思就表达错了。下面是一些常用的多音词语：

把子：(1)bǎ•zi 把东西扎在一起的捆子。例：秫秸把子。
(2)bà•zi 器具上便于用手拿的部分。例：刀把子。

播种：(1)bōzhǒng 散布种子。例：早播种，早出苗。
(2)bōzhòng 用播种(zhǒng)的方式种植。例：播种冬小麦。

朝阳：(1)cháoyáng 向着太阳。例：这间房子是朝阳的。
(2)zhāoyáng 初升的太阳。例：朝阳照亮了大地。

大方：(1)dàfāng 指专家学者。例：贻笑大方；求教于大方之家。
(2)dà•fang 对财务不计较。自然、不拘束。例：他很大方，不会计较这几个钱；谈吐大方。

大爷：(1)dàyé 指不好劳动、傲慢任性的男子。例：大爷脾气。
(2)dà•ye 伯父。尊称年长的男子。例：他大爷比他爸爸大五岁；大爷，请问去北京站怎么走？

当年：(1)dāngnián 指过去某一时间。例：当年我离开家的时候，这里还没有火车。
(2)dàngnián 就在本年。例：这个工厂，当年兴建，当年投产。

当日：(1)dāngrì 当(dāng)时；当初。例：当日没有报案，延误了时间。
(2)dàngrì 当(dàng)天，就在本天。例：当日事，当日做完。

当时：(1)dāngshí 指过去发生某件事情的时候。例：当时不清楚，事后才知道。
(2)dàngshí 就在那个时刻；马上；立刻。例：他一听到这个消息，当时就跑来了。

倒转：(1)dàozhuǎn 倒过来；反过来。例：倒转来说，道理也是一样。
(2)dàozhuàn 倒着转动。例：历史的车轮不能倒转。

地道：(1)dìdào 在地面下掘成的交通坑道。例：有一部反映抗日战争的影片叫《地道战》。

(2)dì·dao 真正的；纯粹。例：她的普通话说得真地道。

地方：(1)dìfāng 各级行政区划的统称(跟“中央”相对)。本地；当地。例：协调好中央与地方的关系；他在农村的时候，常给地方上的群众治病。

(2)dì·fang 某一区域；空间的一部分；部位。例：我这个地方有点疼。

地下：(1)dìxià 地面之下。例：地下铁道。

(2)dì·xia 地面上。例：钢笔掉在地下。

调配：(1)diàopèi 调动分配。例：劳动力和工具调配得合理，工作进行就顺利。

(2)tiáopèi 调和，配合(颜料；药物等)。例：饮食要调配好。

肚子：(1)dǔ·zi 用做食品的动物的胃。例：羊肚子。

(2)dù·zi 腹的通称。例：一肚子的花花点子；他因为肚子疼上医院了。

多少：(1)duōshǎo 指数量的大小；或多或少；稍微。例：多少不等，长短不齐；这句话多少有点道理；一立秋，天气多少有点凉意了。

(2)duō·shao 问数量；表示不定的数量。例：这个村子有多少人家？我知道多少说多少。

废物：(1)fèiwù 失去原有使用价值的东西。例：废物利用。

(2)fèi·wu 比喻没有用的人(骂人的话)。例：他连这点儿事都干不好，真是个废物。

分子：(1)fēnzǐ 能够独立存在并保持本物质一切化学性质的最小微粒，由原子组成。例：用元素符号表示物质分子组成的化学式叫分子式。

(2)fènzǐ 属于一定阶级、阶层、集团或具有某种特征的人。例：积极分子。

杆子：(1)gān·zi 细长的木头或类似的东西。例：电线杆子。

(2)gǎn·zi 某些器物上细长的棍状部分。例：枪杆子；笔杆子。

供养：(1)gōngyǎng 供给长辈或年长的人生活所需；赡养。例：供养老人。

(2)gòngyǎng 用供品祭祀(佛祖和祖先)。例：这位老太太信仰佛教，经常买香烛果品供养菩萨。

好事：(1)hǎoshì 好事情；有益的事情。例：好人好事。

(2)hàoshì 好管闲事；喜欢多事。例：好事之徒。

教学：(1)jiāoxué 教书，教学生学习功课。例：他一直在农村教学。

(2)jiàoxué 教师把知识、技能传授给学生的过程。例：课堂教学；教学计划。

结果：(1)jiēguǒ 长出果实。例：开花结果。

(2)jiéguǒ 在一定阶段，事物发展所达到的最后状态。例：优良的成绩，是长期刻苦学习的结果。

尽量：(1)jǐnliàng 表示力求在一定范围内达到最大限度。例：把你知道的尽量告诉给大家。

(2)jìnliàng 达到最大限度。例：喝了半斤白酒，还没尽量。

倾倒：(1)qīngdǎo 由歪斜而倒下；十分佩服或爱慕。例：古楼终于倾倒了；他的演技，令全场观众为之倾倒。

(2)qīngdào 倒转或倾斜容器，使里面的东西全部出来。例：他猛一使劲儿就把一车土都倾倒到沟里了。

人家：(1)rénjiā 住户；家庭。例：这个村子有百十户人家。

(2)rén•jia 指自己或某人以外的人。例：人家都不怕，就你怕。

生意：(1)shēngyì 富有生命力的气象。例：生意盎然。

(2)shēng•yi 指商业经营；买卖。例：生意兴隆。

实在：(1)shízài 诚实；不虚假。例：实在的本事；为人实在。

(2)shí•zai (工作、活儿)扎实；地道；不马虎。例：他干活儿很实在。

世故：(1)shìgù　处世经验。例：人情世故；老于世故。

(2)shì·gu　(处事待人)圆滑，不得罪人。例：这人挺世故，谁都不得罪。

受累：(1)shòulěi　受到拖累或连累。例：一人出事，全家受累。

(2)shòulèi　受到劳累；消耗精神气力。例：这么远来看我，让您受累了。

兄弟：(1)xiōngdì　哥哥和弟弟。例：兄弟二人；兄弟民族。

(2)xiōng·di　弟弟；谦词，男子跟辈分相同的人或对众人说话时的自称。例：他是我兄弟；兄弟我刚到这里，请多关照。

丈夫：(1)zhàngfū　成年男子。例：它是树中的伟丈夫。

(2)zhàng·fu　男女两人结婚后，男子是女子的丈夫。例：母亲没有丈夫，也没有亲戚。

正当：(1)zhèngdāng　正处在(某个时期或阶段)。例：正当春耕之时。

(2)zhèngdàng　合理合法的。例：正当的要求。

转动：(1)zhuǎndòng　转身活动；身体或物体的某部分自由活动。例：伤好后，腰部转动自如。

(2)zhuàndòng　物体以一点为中心或以一直线为轴作圆周运动。例：水流可以使磨盘转动。

转向：(1)zhuǎnxiàng　转变方向。例：上午是东风，下午转向了，成了南风。

(2)zhuànxiàng　迷失方向。例：晕头转向。

琢磨：(1)zhuómó　雕刻和打磨(玉石)；比喻对诗文等反复加工，精益求精。例：切磋琢磨；书稿尚嫌粗糙，有待琢磨完善。

(2)zuó·mo　思索，考虑。例：队长的话我琢磨了很久。

自在：(1)zìzài　自由，不受拘束。例：自由自在。

(2)zì·zai　安闲、舒适。例：他们俩的小日子过得挺自在。

第四部分

普通话水平测试指导

一、“读单音节字词”指导

本题共 100 个音节，不含轻声、儿化音节，限时 3.5 分钟，共 10 分。

1. 测试的目的、要求和评分

目的：测查应试人声母、韵母、声调读音的标准程度。

要求：

(1)100 个音节中，每个声母出现次数一般不少于 3 次，每个韵母出现次数一般不少于 2 次，4 个声调出现次数大致均衡。

(2)音节的排列要避免同一测试要素连续出现。

评分：

(1)语音错误，每个音节扣 0.1 分。

(2)语音缺陷，每个音节扣 0.05 分。

(3)限时：3.5 分钟。超时 1 分钟以内，扣 0.5 分；超时 1 分钟以上(含 1 分钟)，扣 1 分。

2. 注意事项

(1)横向朗读。单音节字词的 100 个音节一共 10 行，屏幕上呈现蓝黑相间的颜色以防止应试人漏行。

(2)声音响亮、清晰，每个音节的声、韵、调完整、准确。

(3)语速适中。太快容易吃字吞音，太慢则容易造成超时。

(4)单音节字词不含轻声、儿化音节。因此不要将“块”、“玩”等读成“块儿”、“玩儿”。

(5)遇到多音字，应试人可以依据工具书选择任一读音。

(6)一个字允许读两遍，应试人发觉第一次读音有误时可以改读，按第二次读音评判。遇到不认识的字，应尽量尝试着读一下，不要轻易放弃。

3. 单音节字词模拟练习

【模拟练习 1】

活 剑 牙 筐 抖 宰 鹿 扭 戒 凝
棒 爽 捻 军 拟 耗 软 抬 损 日
朽 糟 者 额 苯 滤 腔 簇 松 愁
缺 秘 川 闭 仍 氦 僻 天 奎 用
肿 拐 梭 组 坟 窘 下 伐 柑 茬
蹿 征 逃 犬 坪 畔 雏 瓮 皖 栋
州 铃 很 享 块 登 闻 波 世 略
词 唱 墩 貂 死 源 仿 庵 诚 勺
黑 效 您 北 末 民 驱 陪 礁 推
咧 云 免 怯 遵 蟹 寡 艘 二 抓

【模拟练习 2】

军 末 仄 弯 狠 捐 欠 迭 倪 弱
警 尊 广 物 讽 煤 抗 法 箔 逾
陡 黑 扩 挂 历 锦 春 涮 聊 察
壤 穷 氨 徽 彭 最 坎 需 傻 雪
闯 探 胸 屑 鸟 馆 丢 瘸 秸 偏
鳃 娘 烦 骚 尺 良 如 字 砌 劝
阳 闽 儿 凝 狗 面 脓 栽 下 次
撑 漏 顶 醋 昭 笋 睁 涂 糖 撰
袄 德 踹 刷 猜 搓 钡 申 来 油
筒 抛 甩 剃 容 我 运 值 哑 膘

【模拟练习 3】

瑟 下 评 训 捐 惨 缀 攥 莫 名
债 酸 浓 颇 滑 眉 诊 乘 鳖 肯
铁 枪 妆 温 拔 开 飞 胞 剖 阁
我 怀 兜 准 藤 脚 港 宰 驹 友
垒 葬 摄 二 山 扔 风 溃 娘 恰
谕 使 鼻 普 旱 锤 锚 此 盗 至

奎	递	逻	要	屋	踹	团	许	牛	碘
昂	宫	喜	扶	踏	曰	胸	荒	死	苍
略	窘	嫩	刁	床	茧	运	劝	沟	然
影	侯	林	沁	边	凝	前	裹	鳌	如

4. 易读错音节练习

凹 āo	苯 běn	膘 biāo	拨 bō	埠 bù
蹿 cuān	疮 chuāng	舂 chōng	档 dàng	吠 fèi
秆 gǎn	篙 gāo	婚 hūn	脊 jǐ	颊 jiá
谏 jiàn	皆 jiē	津 jīn	灸 jiǔ	炕 kàng
框 kuàng	氯 lǜ	绺 liǔ	眸 móu	拈 niān
蔫 niān	啮 niè	坯 pī	瞥 piē	圃 pǔ
畦 qí	掐 qiā	跷 qiào	祛 qū	蜷 quán
瘸 qué	矢 shǐ	髓 suǐ	凸 tū	蜕 tuì
瓮 wèng	弦 xián	镶 xiāng	癣 xuǎn	穴 xué
驯 xùn	焉 yān	砚 yàn	舀 yǎo	瘾 yǐn
邮 yóu	隅 yú	匀 yún	糟 zāo	眨 zhǎ
臻 zhēn	脂 zhǐ	炙 zhì	贮 zhù	缀 zhuì
赘 zhuì	拙 zhuō	渍 zì	攥 zuàn	

二、“读多音节词语”指导

本题共100个音节，限时2.5分钟，共20分。

1. 测试的目的、要求和评分

目的：测查应试人声母、韵母、声调和变调、轻声、儿化音节的标准程度。

要求：

(1)声母、韵母、声调出现的次数与读单音节字词的要求相同。

(2)上声与上声相连的词语不少于3个，上声与非上声相连的词语不少于4个，轻声不少于3个，儿化不少于4个(应为不同的儿化韵母)。

(3)词语的排列要避免同一测试要素连续出现。

评分：

(1)语音错误，每个音节扣0.2分。

(2)语音缺陷，每个音节扣0.1分。

(3)超时 1 分钟以内，扣 0.5 分；超时 1 分钟以上(含 1 分钟)，扣 1 分。

2. 注意事项

(1)读多音节词语时，音节间不能有停顿，不能把一个词语的多个音节割裂开来，一个一个地读出。

(2)本测试项有变调、轻声、儿化的内容，因此，要按照词语的音变规律读，特别是上上相连的词语，第一个上声的变调要正确。

(3)声音响亮、吐字归音到位。

(4)语速适中，不要太快造成吐字不清或调值不到位，也不要太慢因超时扣分。

(5)一个词语允许读两遍，应试人发觉第一次读音有误时可以改读，按第二次读音评判。

3. 多音节词语模拟练习

【模拟练习 1】

开垦	被窝儿	总结	天鹅	涅槃	飞快	高涨
碎步儿	书卷	美酒	瓦斯	无穷	家伙	村子
人才	佛典	抢险	妇女	进化论	按照	凉爽
正确	录音机	遵循	完全	横扫	差别	温柔
血管	何况	飘动	破坏	大娘	妥当	日益
英雄	儿童	爱国	牙签儿	命运	苗头	规律
钢镚儿	品味	操办	课程	山川	有的放矢	

【模拟练习 2】

战略	亏损	林子	如下	追求	佛典	商量
坏人	大伙儿	使用	群体	新娘	英雄	钻头
采取	镇压	未曾	日渐	昆虫	疲倦	天窗儿
虐待	作品	教训	热能	傲慢	靠不住	谬论
爱好	青蛙	望远镜	苟且	配合	那么	晓得
夸耀	匆忙	外界	规律	后跟儿	分散	非常
跳高儿	转播	躲闪	比方	儿童	顾名思义	

【模拟练习 3】

信用	钢镚儿	生存	分辨	完美	原来	重叠
主人翁	白色	怀抱	栽培	大娘	洽谈	频率
安慰	僧尼	走访	故事	外部	如此	平面

那里	感伤	全身	良好	佛学	军阀	机械化
需要	假日	照明	儿童	承受	邮戳儿	小腿
夸奖	对偶	窘迫	一点儿	歌曲	战略	念叨
荒谬	情况	我们	亏损	合群儿	车子	篡改

4. 易读错音节练习

褒贬 bāo•biǎn
卑劣 bēiliè
笨拙 bènzhuō
庇护 bìhù
摈弃 bìnqì
摒弃 bìngqì
不啻 búchì
嘈杂 cáozá
颤动 chàndòng
称呼 chēng•hu
憧憬 chōngjǐng
聪明 cōng•míng
挫折 cuòzhé
打颤 dǎzhàn
档案 dàng'àn
提防 dī•fang
绯红 fēihóng
氛围 fēnwéi
供给 gōngjǐ
行当 háng•dang
混合 hùnhé
脊髓 jǐsuǐ
酵母 jiàomǔ
尽管 jǐnguǎn
牢骚 láo•sāo
累及 lěijí
脸颊 liǎnjiá
名声 míngshēng
恼火 nǎohuǒ
拟订 nǐdìng
涅槃 nièpán
宁肯 nìngkěn
胚胎 pēitāi
炮制 páozhì
漂亮 piào•liang
撇开 piē•kāi
剖析 pōuxī
铺盖 pū•gai
祈求 qíqiú
倾斜 qīngxié
曲解 qūjiě
确凿 quèzáo
妊娠 rènshēn
冗长 rǒngcháng
似的 shì•de
手帕 shǒupà
蓑衣 suōyī
弹劾 tánhé
颓废 tuífèi
蜕化 tuìhuà
挖潜 wāqián
桅杆 wéigān
稀薄 xībó
胸脯 xiōngpú
畜牧 xùmù
穴位 xuéwèi

血液 xuèyè
驯化 xùnhuà
翌日 yìrì
运载 yùnzài
褶皱 zhězhòu
南半球 nánbànqiú
霓虹灯 níhóngdēng
神经质 shénjīngzhì
太阳能 tàiyángnéng
主人翁 zhǔrénwēng
牛仔裤 niúzǎikù
长颈鹿 chángjǐnglù
荧光屏 yíngguāngpíng
办公室 bàngōngshì
不言而喻 bùyán'éryù
不以为然 bùyǐ-wéirán
畅所欲言 chàngsuǒ-yùyán
出类拔萃 chūlèi-bácuì
大相径庭 dàxiāng-jìngtíng
抑扬顿挫 yìyáng-dùncuò
有的放矢 yǒudì-fàngshǐ
语重心长 yǔzhòng-xīncháng
自始至终 zìshǐ-zhìzhōng
方兴未艾 fāngxīng-wèi'ài
非同小可 fēitóngxiǎokě
顾名思义 gùmíng-sīyì

三、"朗读短文"指导

本题朗读一篇短文，400 个音节，限时 4 分钟，共 30 分。

1. 测试的目的、要求和说明

(1)目的

普通话水平测试朗读用作品共有 60 篇，主要测查应试人使用普通话朗读书面作品的水平。在测查声母、韵母、声调读音标准程度的同时，重点测查连读音变、停连、语调以及流畅程度。

(2)要求

应试人只朗读作品的前 400 个音节(不含标点符号和括注的音节)。每篇作品在第 400 个音节后用"//"标注。

(3)说明

为方便应试人备测，本《应试指南》为每篇朗读作品增编了难点音和易错读音的"语音提示"，提示中加注的汉语拼音原则依据《汉语拼音正词法基本规则》拼写。

朗读作品中的儿化音节分两种情况。一是书面上加"儿"，拼音时在基本形式后加 r，如："小孩儿"，拼音写做"xiǎoháir"；第二是书面上没有加"儿"，但口语里一般儿化的音节，拼音时也在基本形式后加 r，如："胡同"，拼音写做"hútòngr"。

朗读作品的“语音提示”中，“一、不”均标注变调。

2. 朗读短文指导

(1)朗读作品中的语音标准同第一、二题的要求一致，同时还要对声韵调的系统性缺陷扣分(如：存在系统性舌尖音、齿间音，或平翘舌音不分、前后鼻音失准等问题均扣分)。错读、漏读和增读均按每一音节为单位扣分。错读按单音节标准错读和误读评判，漏读算缺失，增读不符合基本要求，所以应试人要熟悉和熟读作品，准确无误地表达。

(2)朗读作品自然流畅及停连恰当的把握

自然：朗读区别于朗诵，是一种识别性的表达，不要求大音量和加入更多的情感显现表演的风格。只要求测试人平实自然、中速和中等音量的朗读，做到字音清晰、意思明了即可。过慢或过快都会影响测试表达质量。过快容易出现错漏增读；过慢容易拿腔拿调，甚至会因朗读超时而被扣分。

流畅：测试人切忌在朗读中为了追求字音清晰而嘣字、读词，而要力求朗读时从内容出发，使句子表达意思完整，层次清楚。同时注意切勿回读。回读是指在朗读过程中应试人由于错漏增读而重复朗读的现象。因为该测试项只限定 400 个音节，回读会造成朗读不流畅和增加重读音节，所以回读是不符合要求的，也在扣分之列。

停连恰当：由于停连不当而引起歧义的要按“停连不当”扣分，没有引起歧义的不在扣分的范围。但这里特别提请应试人注意，朗读作品的停连应按照作品中给出的标点符号处理，不要按照“朗诵式”情感表达而随意处理。

总之，朗读区别于朗诵，本题中的作品只要能以标准的普通话语音，自然流畅、表意清楚地读完即可。

3. 普通话水平测试用朗读作品

作品 1 号

那是力争上游的一种树，笔直的干，笔直的枝。它的干呢，通常是丈把高，像是加以人工似的(1)，一丈以内，绝无旁枝；它所有的丫枝(2)呢，一律向上，而且紧紧靠拢，也像是加以人工似的，成为一束(3)，绝无横斜逸出；它的宽大的叶子也是片片向上，几乎[4]没有斜生的，更不用说倒垂了；它的皮，光滑而有银色的晕圈[5]，微微泛出淡青色。这是虽[6]在北方的风雪的压迫下却保持着倔强[7]挺立的一种树！哪怕只有碗来粗细罢，它却努力向上发展，高到丈许，两丈，参天耸立[8]，不折不挠[9]，对抗着西北风。

这就是白杨树，西北极普通的一种树，然而绝不是平凡的树！

它没有婆娑[10]的姿态，没有屈曲盘旋[11]的虬枝[12]，也许你要说它不美丽，——如果美是专指“婆娑”或“横斜逸出”之类而言，那么，白杨树算不得树中的好女子；但是它却是伟岸，正直，朴质[13]，严肃，也不缺乏温和，更不用提它的坚强不屈与挺拔，它是树中的伟丈夫[14]！当你在积雪初融的高原上走过，看见平坦的大地上傲然挺立这么一株或一排白杨树，难道你就只觉得[15]树只是树，难道你就不想到它的朴质，严肃，坚强不屈，至少也象征了北方的农民；难道你竟一点儿也不联想到，在敌后的广大//土地上，到处有坚强不屈，就像这白杨树一样傲然挺立的守卫他们家乡的哨兵！难道你又不更远一点想到这样枝枝叶叶靠紧团结，力求上进的白杨树，宛然象征了今天在华北平原纵横决荡用血[16]写出新中国历史的那种精神和意志。

节选自茅盾《白杨礼赞》

语音提示

(1)似的　shì·de
(2)丫枝　yāzhī
(3)一束　yíshù
(4)几乎　jīhū
(5)晕圈　yùnquān
(6)虽　suī
(7)倔强　juéjiàng
(8)耸立　sǒnglì
(9)不折不挠　bùzhé-bùnáo
(10)婆娑　pósuō

(11)屈曲盘旋　qūqū pánxuán
(12)虬枝　qiúzhī
(13)朴质　pǔzhì
(14)丈夫　zhàngfū
(15)觉得　jué·dé
(16)血　xiě

作品 2 号

两个同龄的年轻人同时受雇于一家店铺，并且拿同样的薪水(1)。可是一段时间后，叫阿诺德的那个(2)小伙子青云直上，而那个叫布鲁诺的小伙子却仍(3)在原地踏步。布鲁诺很不满意老板的不公正待遇。终于有一天他到老板那儿(4)发牢骚了。老板一边耐心地听着他的抱怨，一边在心里盘算(5)着怎样向他解释清楚他和阿诺德之间的差别(6)。

“布鲁诺先生，”老板开口说话了，“您现在到集市上去一下，看看(7)今天早上(8)有什么(9)卖的。”

布鲁诺从集市上回来向老板汇报说，今早集市上只有一个农民拉了一车土豆(10)在卖。

“有多少？”老板问。

布鲁诺赶快戴上帽子又跑到集上，然后回来告诉老板一共四十袋(11)土豆。

“价格是多少？”

布鲁诺又第三次跑到集上问来了价格。

“好吧，”老板对他说，“现在请您坐到这把椅子上一句话也不要说，看看阿诺德怎么(12)说。”

阿诺德很快就从集市上回来了。向老板汇报说到现在为止只有一个农民在卖土豆，一共四十口袋(13)，价格是多少多少；土豆质量(14)很不错，他带回来一个让老板看看。这个农民一个钟头以后还会弄(15)来几箱西红柿，据他看价格非常公道。昨天他们铺子的西红柿卖得很快，库存已经不//多了。他想这么便宜的西红柿，老板肯定会要进一些的，所以他不仅带回了一个西红柿做样品，而且把那个农民也带来了，他现在正在外面等回话呢。

此时老板转向了布鲁诺，说："现在您肯定知道为什么阿诺德的薪水比您高了吧！"

节选自张健鹏、胡足青主编《故事时代》中《差别》

语音提示

(1)薪水　xīn·shuǐ
(2)那个　nà·ge (nèi·ge)
(3)仍　réng
(4)那儿　nàr
(5)盘算　pán·suan
(6)差别　chābié
(7)看看　kàn·kan
(8)早上　zǎo·shang
(9)什么　shén·me
(10)土豆　tǔdòu (tǔ dòur)
(11)袋　dài
(12)怎么　zěn·me
(13)口袋　kǒu·dai
(14)质量　zhìliàng
(15)弄　nòng

作品 3 号

我常常遗憾我家门前那块[1]丑石：它黑黝黝[2]地卧在那里，牛似的[3]模样[4]；谁[5]也不知道是什么[6]时候[7]留在这里的，谁也不去理会它。只是麦收时节，门前摊了麦子，奶奶[8]总是说：这块丑石，多[9]占地面呀，抽空[10]把它搬走吧。

它不像汉白玉那样[11]的细腻，可以刻字雕花，也不像大青石那样的光滑，可以供[12]来浣纱[13]捶布。它静静地卧在那里，院边的槐阴没有庇覆[14]它，花儿[15]也不再在它身边生长。荒草便繁衍[16]出来，枝蔓[17]上下，慢慢地[18]，它竟锈上了绿苔[19]、黑斑。我们这些做孩子的，也讨厌起它来，曾合伙要搬走它，但力气[20]又不足；虽[21]时时咒骂[22]它，嫌弃[23]它，也无可奈何，只好任它留在那里了。

终有一日，村子里来了一个天文学家。他在我家门前路过，突然发现了这块[24]石头[25]，眼光立即[26]就拉直了。他再没有离开，就住了下来；以后又来了好些人，都说这是一块陨石[27]，从天上落下来已经有二三百年了，是一件了不起的东西[28]。不久便来了车，小心翼翼地将它运走了。

这使我们都很惊奇，这又怪又丑的石头，原来是天上的啊！它补过[29]天，在天上发过[30]热、闪过[31]光，我们的先祖或许仰望过[32]它，它给了他们光明、向往、憧憬[33]；而它落下来了，在污土里，荒草里，一躺就//是几百年了！

我感到自己的无知，也感到了丑石的伟大，我甚至怨恨它这么[34]多年竟会默默地忍受着这一切！而我又立即深深地感到它那种不屈于误解、寂寞的生存的伟大。

节选自贾平凹《丑石》

语音提示

(1)那块　nàkuài(nèikuài)
(2)黑黝黝　hēiyǒuyǒu
(口语一般读 hēiyōuyōu)
(3)似的　shì•de
(4)模样　múyàng
(5)谁　shéi(shuí)
(6)什么　shén•me
(7)时候　shí•hou
(8)奶奶　nǎi•nai
(9)多　duō
(10)抽空　chōukòng
(11)那样　nàyàng
(12)供　gōng
(13)浣纱　huànshā
(14)庇覆　bìfù
(15)花儿　huā'ér
(16)繁衍　fányǎn
(17)枝蔓　zhīmàn
(18)慢慢地　mànmàn•de
(口语中多儿化，读 mànmānr•de)
(19)绿苔　lǜtái
(20)力气　lì•qi
(21)虽　suī
(22)咒骂　zhòumà

(23)嫌弃　xiánqì
(24)这块　zhèkuài (zhèikuài)
(25)石头　shí·tou
(26)立即　lìjí
(27)陨石　yǔnshí
(28)东西　dōng·xi
(29)补过　bǔ·guo
(30)发过　fā·guo
(31)闪过　shǎn·guo
(32)仰望过　yǎngwàng·guo
(33)憧憬　chōngjǐng
(34)这么　zhè·me

作品4号

在达瑞八岁的时候[1]，有一天他想去看电影。因为[2]没有钱，他想是向爸妈要钱，还是自己挣钱。最后他选择了后者。他自己调制[3]了一种汽水[4]，向过路的行人出售。可那时正是寒冷的冬天，没有人买，只有两个人例外——他的爸爸[5]和妈妈[6]。

他偶然有一个和非常成功的商人谈话的机会。当他对商人讲述了自己的"破产史"后，商人给了他两个重要的建议：一是尝试为别人解决一个难题；二是把精力集中在你知道的、你会的和你拥有的东西[7]上。

这两个建议很关键。因为对于一个八岁的孩子而言，他不会做的事情[8]很多。于是他穿过[9]大街小巷，不停地思考：人们[10]会有什么[11]难题，他又如何利用这个[12]机会？

一天，吃早饭时父亲让达瑞去取报纸。美国的送报员总是把报纸从花园篱笆[13]的一个特制的管子里塞[14]进来。假如你想穿着睡衣舒舒服服[15]地吃早饭和看报纸，就必须离开温暖的房间，冒着寒风，到花园去取。虽然[16]路短，但十分麻烦[17]。

当达瑞为父亲取报纸的时候，一个主意[18]诞生了。当天[19]他就按响邻居[20]的门铃[21]，对他们说，每个月只需付给他一美元[22]，他就每天早上[23]把报纸塞到他们的房门底下。大多数人都同意了，很快他有//了七十多个顾客。一个月后，当他拿到自己赚的钱时，觉得自己简直是飞上了天。

很快他又有了新的机会，他让他的顾客每天把垃圾袋放在门前，然后由他早上运到垃圾桶里，每个月加一美元。之后他还想出了许多孩子赚钱的办法，并把它集结成书，书名为《儿童挣钱的二百五十个主意》。为此[24]，达瑞十二岁时就成了畅销书作家，十五岁有了自己的谈话节目，十七岁就拥有了几百万美元。

节选自[德]博多·舍费尔《达瑞的故事》，刘志明译

语音提示

(1)时候　shí•hou
(2)因为　yīn•wèi
(3)调制　tiáozhì
(4)汽水　qìshuǐr
(5)爸爸　bà•ba
(6)妈妈　mā•ma
(7)东西　dōng•xi
(8)事情　shì•qing
(9)穿过　chuān•guo
(10)人们　rén•men
(11)什么　shén•me
(12)这个　zhè•ge(zhèi•ge)
(13)篱笆　lí•ba
(14)塞　sāi
(15)舒舒服服　shūshūfúfú
(口语一般读 shū•shufūfū)
(16)虽然　suīrán
(17)麻烦　má•fan
(18)主意　zhǔ•yi(zhú•yi)
(19)当天　dàngtiān
(20)邻居　lín•jū
(21)门铃　ménlíngr
(22)一美元　yìměiyuán
(23)早上　zǎo•shang
(24)为此　wèicǐ

作品 5 号

这是入冬以来，胶东半岛上第一场[1]雪。

雪纷纷扬扬，下得很大。开始还伴着一阵儿[2]小雨，不久就只见大片大片的雪花，从彤云密布[3]的天空中飘落下来。地面上一会儿[4]就白了。冬天的山村，到了夜里就万籁俱寂[5]，只听得雪花簌簌地[6]不断往下落，树木的枯枝被雪压断了，偶尔咯吱[7]一声响。

大雪整整下了一夜。今天早晨[8]，天放晴了，太阳[9]出来了。推开门一看，嗬！好大的雪啊！山川、河流、树木、房屋，全都罩上了一层厚厚的雪，万里江山，变成了粉妆玉砌[10]的世界。落光了叶子的柳树上挂满了毛茸茸[11]亮晶晶的银条儿[12]；而那些冬夏常青的松树和柏树[13]上，则挂满了蓬松松沉甸甸[14]的雪球儿[15]。一阵风吹来，树枝轻轻地摇晃，美丽的银条儿和雪球儿簌簌地落下来，玉屑[16]似的[17]雪末儿[18]随风飘扬，映着清晨的阳光，显出一道道五光十色的彩虹。

大街上的积雪足有一尺多深，人踩上去，脚底下发出咯吱咯吱的响声。一群群孩子在雪地里堆雪人，掷[19]雪球儿。那欢乐的叫喊声，把树枝上的雪都震落下来了。

俗话说，"瑞雪兆丰年"。这个话有充分的科学根据，并不是一句迷信的成语。寒冬大雪，可以冻死一部分越冬的害虫；融化了的水渗[20]进土层深处，又能供应[21]//庄稼[22]生长的需要。我相信这一场十分及时的大雪，一定会促进明年春季作物，尤其是小麦的丰收。有经验的老农把雪比做是"麦子的棉被"。冬天"棉被"盖得越厚，明春麦子就长得越好，所以又有这样一句谚语[23]："冬天麦盖三层被，来年枕着馒头[24]睡"。

我想，这就是人们为什么[25]把及时的大雪称为"瑞雪"的道理吧。

节选自峻青《第一场雪》

语音提示

(1)场 cháng
(2)一阵儿 yízhènr
(3)彤云密布 tóngyún-mìbù
(4)一会儿 yíhuìr
(口语中也读 yìhuǐr)
(5)万籁俱寂 wànlài-jùjì
(6)簌簌地 sùsù·de
(7)咯吱 gēzhī
(8)早晨 zǎo·chén
(9)太阳 tài·yáng
(10)粉妆玉砌 fěnzhuāng-yùqì
(11)毛茸茸 máoróngróng
(口语一般读 máorōngrōng)
(12)银条儿 yíntiáor
(13)柏树 bǎishù
(14)沉甸甸 chéndiàndiàn
(口语一般读 chéndiāndiān)
(15)雪球儿 xuěqiúr
(16)玉屑 yùxiè
(17)似的 shì·de
(18)雪末儿 xuěmòr
(19)掷 zhì
(20)渗 shèn
(21)供应 gōngyìng
(22)庄稼 zhuāng·jia
(23)谚语 yànyǔ
(24)馒头 mán·tou
(25)为什么 wèishén·me

作品6号

我常想读书人是世间幸福人，因为(1)他除了拥有现实的世界之外，还拥有另一个更为浩瀚(2)也更为(3)丰富的世界。现实的世界是人人都有的，而后一个世界却为(4)读书人所独有。由此我想，那些失去或不能阅读的人是多么(5)的不幸，他们的丧失是不可补偿(6)的。世间有诸多(7)的不平等，财富的不平等，权力的不平等，而阅读能力的拥有或丧失却体现为(8)精神的不平等。

一个人的一生，只能经历自己拥有的那一份欣悦，那一份苦难，也许再加上他亲自闻知的那一些关于自身以外的经历和经验。然而，人们通过阅读，却能进入不同时空的诸多他人的世界。这样，具有阅读能力的人，无形间获得了超越有限生命的无限可能性。阅读不仅使他多识了草木虫鱼之名，而且可以上溯[9]远古下及未来，饱览存在的与非存在的奇风异俗。

更为重要的是，读书加惠于人们的不仅是知识的增广，而且还在于精神的感化与陶冶。人们从读书学做人，从那些往哲先贤以及当代才俊[10]的著述中学得他们的人格。人们从《论语》[11]中学得智慧的思考，从《史记》中学得严肃的历史精神，从《正气歌》中学得人格的刚烈，从马克思学得人世//的激情，从鲁迅学得批判精神，从托尔斯泰学得道德的执著[12]。歌德的诗句刻写着睿智[13]的人生，拜伦的诗句呼唤着奋斗的热情。一个读书人，一个有机会拥有超乎个人生命体验的幸运人。

节选自谢冕《读书人是幸福人》

语音提示

(1)因为　yīn•wèi
(2)浩瀚　hàohàn
(3)更为　gèngwéi
(4)为　wéi
(5)多么　duō•me
(6)补偿　bǔcháng
(7)诸多　zhūduō
(8)体现为　tǐxiànwéi
(9)上溯　shàngsù
(10)才俊　cáijùn
(11)《论语》　Lúnyǔ
(12)执著　zhízhuó
(13)睿智　ruìzhì

作品 7 号

一天，爸爸[1]下班回到家已经很晚了，他很累也有点儿[2]烦，他发现五岁的儿子靠在门旁正等着他。

“爸，我可以问您一个问题吗？”

“什么[3]问题？”“爸，您一小时可以赚多少钱？”“这与你无关，你为什么问这个[4]问题？”父亲生气地说。

“我只是想知道[5]，请告诉[6]我，您一小时赚多少钱?”小孩儿[7]哀求道。“假如你一定要知道的话，我一小时赚二十美金。”

“哦,”小孩儿低下了头，接着又说，“爸，可以借我十美金吗?”父亲发怒了：“如果你只是要借钱去买毫无意义的玩具的话，给我回到你的房间睡觉去。好好[8]想想[9]为什么你会那么[10]自私。我每天辛苦工作，没时间和你玩儿[11]小孩子的游戏。”

小孩儿默默地回到自己的房间关上门。

父亲坐下来还在生气。后来，他平静下来了。心想他可能对孩子太凶了——或许孩子真的很想买什么东西[12]，再说他平时很少要过[13]钱。

父亲走进孩子的房间：“你睡了吗?”“爸，还没有，我还醒着。”孩子回答。

“我刚才可能对你太凶了,”父亲说，“我不应该发那么大的火儿[14]——这是你要的十美金。”“爸，谢谢[15]您。”孩子高兴地从枕头[16]下拿出一些被弄皱[17]的钞票，慢慢地[18]数着。

“为什么你已经有钱了还要?”父亲不解地问。

“因为[19]原来不够，但现在凑够了。”孩子回答：“爸，我现在有//二十美金了，我可以向您买一个小时的时间吗？明天请早一点儿回家——我想和您一起吃晚餐。”

节选自唐继柳编译《二十美金的价值》

语音提示

(1)爸爸　bà•ba

(2)点儿　diǎnr

(3)什么　shén•me

(4)这个　zhè•ge(zhèi•ge)

(5)知道　zhī•dào

(6)告诉　gào•su

(7)小孩儿　xiǎoháir

(8)好好　hǎohǎo(口语中多儿化，读 hǎohāor)

(9)想想　xiǎng•xiang

(10)那么 nà•me
(11)玩儿 wánr
(12)东西 dōng•xi
(13)要过 yào•guo
(14)火儿 huǒr
(15)谢谢 xiè•xie
(16)枕头 zhěn•tou
(17)弄皱 nòngzhòu
(18)慢慢地 mànmàn•de
(口语中多儿化，读 mànmānr•de)
(19)因为 yīn•wèi

作品 8 号

我爱月夜，但我也爱星天。从前在家乡七八月的夜晚在庭院里纳凉的时候(1)，我最爱看天上密密麻麻的繁星。望着星天，我就会忘记一切，仿佛(2)回到了母亲的怀里似的(3)。

三年前在南京我住的地方(4)有一道后门，每晚我打开后门，便看见一个静寂的夜。下面是一片菜园，上面是星群密布的蓝天。星光在我们的肉眼里虽然(5)微小，然而它使我们觉得光明无处不在。那时候我正在读一些天文学的书，也认得(6)一些星星(7)，好像它们就是我的朋友(8)，它们常常在和我谈话一样。

如今在海上，每晚和繁星相对，我把它们认得很熟了。我躺在舱面上，仰望天空。深蓝色的天空里悬着无数半明半昧(9)的星。船在动，星也在动，它们是这样低，真是摇摇欲坠呢！渐渐地我的眼睛(10)模糊(11)了，我好像看见无数萤火虫在我的周围飞舞。海上的夜是柔和的，是静寂的，是梦幻的。我望着许多认识(12)的星，我仿佛看见它们在对我眨眼，我仿佛听见它们在小声说话。这时我忘记了一切。在星的怀抱中我微笑着，我沉睡着。我觉得自己是一个小孩子，现在睡在母亲的怀里了。

有一夜，那个在哥伦波上船的英国人指给我看天上的巨人。他用手指着：//那四颗明亮的星是头，下面的几颗是身子，这几颗是手，那几颗是腿和脚，还有三颗星算是腰带。经他这一番指点，我果然看清楚[13]了那个天上的巨人。看，那个巨人还在跑呢！

节选自巴金《繁星》

语音提示

(1)时候　shí•hou
(2)仿佛　fǎngfú
(3)似的　shì•de
(4)地方　dì•fang
(5)虽然　suīrán
(6)认得　rèn•de
(7)星星　xīng•xing
(8)朋友　péng•you
(9)半明半昧　bànmíng-bànmèi
(10)眼睛　yǎn•jing
(11)模糊　mó•hu
(12)认识　rèn•shi
(13)清楚　qīng•chu

作品 9 号

假日到河滩上转转[1]，看见许多孩子在放风筝[2]。一根根长长的引线，一头[3]系[4]在天上，一头系在地上，孩子同风筝都在天与地之间悠荡，连心也被悠荡得恍恍惚惚了，好像又回到了童年。

儿时放的风筝，大多是自己的长辈或家人编扎[5]的，几根削[6]得很薄[7]的篾[8]，用细纱线扎成各种鸟兽的造型，糊[9]上雪白的纸片，再用彩笔勾勒[10]出面孔与翅膀的图案。通常扎得最多的是“老雕”“美人儿[11]”“花蝴蝶”等。

我们家前院就有位叔叔[12]，擅扎[13]风筝，远近闻名。他扎的风筝不只体型好看，色彩艳丽，放飞得高远，还在风筝上绷一叶用蒲苇[14]削成的膜片，经风一吹，发出“嗡嗡”的声响，仿佛是风筝的歌唱，在蓝天下播扬，给开阔的天地增添了无尽的韵味，给驰荡[15]的童心带来几分疯狂。

我们那条胡同[16]的左邻右舍[17]的孩子们放的风筝几乎[18]都是叔叔编扎的。他的风筝不卖钱，谁[19]上门去要，就给谁，他乐意自己贴钱买材料。

后来，这位叔叔去了海外，放风筝也渐与孩子们远离了。不过年年叔叔给家乡写信，总不忘提起儿时的放风筝。香港回归之后，他在家信中说到，他这只被故乡放飞到海外的风筝，尽管[20]飘荡游弋[21]，经沐风雨，可那线头儿[22]一直在故乡和//亲人手中牵着，如今飘得太累了，也该要回归到家乡和亲人身边来了。

是的。我想，不光是叔叔，我们每个人都是风筝，在妈妈手中牵着，从小放到大，再从家乡放到祖国最需要的地方[23]去啊！

节选自李恒瑞《风筝畅想曲》

语音提示

(1)转转 zhuàn·zhuan
(2)风筝 fēng·zheng
(3)一头 yìtóur
(4)系 jì
(5)编扎 biānzā
(6)削 xiāo
(7)薄 báo
(8)篾 miè
(9)糊 hú
(10)勾勒 gōulè
(11)美人儿 měirénr
(12)叔叔 shū·shu
(13)擅扎 shànzā
(14)蒲苇 púwěi
(15)驰荡 chídàng
(16)胡同 hútòngr
(17)舍 shè
(18)几乎 jīhū
(19)谁 shéi(shuí)
(20)尽管 jǐnguǎn
(21)游弋 yóuyì
(22)线头儿 xiàntóur
(23)地方 dì·fang

作品 10 号

爸不懂得怎样表达爱，使我们一家人融洽[1]相处[2]的是我妈。他只是每天上班下班，而妈则把我们做过[3]的错事开列清单，然后由他来责骂我们。

有一次我偷了一块糖果，他要我把它送回去，告诉[4]卖糖的说是我偷来的，说我愿意替他拆箱卸[5]货作为赔偿[6]。但妈妈[7]却明白[8]我只是个孩子。

我在运动场打秋千[9]跌断了腿，在前往医院途中一直抱着我的，是我妈。爸把汽车停在急诊室[10]门口，他们叫他驶开，说那空位[11]是留给紧急车辆停放的。爸听了便叫嚷道："你以为这是什么[12]车？旅游车？"

在我生日会上，爸总是显得有些不大相称[13]。他只是忙于吹气球，布置餐桌，做杂务。把插着蜡烛的蛋糕推过来让我吹的，是我妈。

我翻阅照相册时，人们总是问："你爸爸[14]是什么样子的？"天晓得！他老是忙着替别人拍照。妈和我笑容可掬[15]地一起拍的照片，多得不可胜数[16]。

我记得妈有一次叫他教[17]我骑自行车。我叫他别放手，但他却说是应该放手的时候[18]了。我摔倒之后，妈跑过来扶我，爸却挥手要她走开。我当时生气极了，决心要给他点儿[19]颜色看。于是我马上爬上自行车，而且自己骑给他看。他只是微笑。

我念大学时，所有的家信都是妈写的。他//除了寄支票外，还寄过一封短柬[20]给我，说因为[21]我不在草坪上踢足球了，所以他的草坪长得很美。

每次我打电话回家，他似乎[22]都想跟我说话，但结果[23]总是说："我叫你妈来接。"

我结婚时，掉眼泪的是我妈。他只是大声擤[24]了一下鼻子，便走出房间。

我从小到大都听他说："你到哪里去？什么时候回家？汽车有没有汽油？不，不准去。"爸完全不知道怎样表达爱。除非……

会不会是他已经表达了，而我却未能察觉？

节选自[美]艾尔玛·邦贝克《父亲的爱》

语音提示

(1)融洽　róngqià
(2)相处　xiāngchǔ
(3)做过　zuò•guo
(4)告诉　gào•su
(5)卸　xiè
(6)赔偿　péicháng
(7)妈妈　mā•ma
(8)明白　míng•bai
(9)秋千　qiūqiān
(10)急诊室　jízhěnshì
(11)空位　kòngwèi
(12)什么　shén•me
(13)相称　xiāngchèn
(14)爸爸　bà•ba
(15)笑容可掬　xiàoróng-kějū
(16)不可胜数　bùkě-shèngshǔ
(17)教　jiāo
(18)时候　shí•hou
(19)点儿　diǎnr
(20)柬　jiǎn
(21)因为　yīn•wèi
(22)似乎　sìhū
(23)结果　jiéguǒ
(24)擤　xǐng

作品 11 号

一个大问题一直盘踞[1]在我脑袋[2]里：

世界杯怎么[3]会有如此巨大的吸引力？除去足球本身的魅力[4]之外，还有什么[5]超乎其上而更伟大的东西[6]？

近来观看世界杯，忽然从中得到了答案：是由于一种无上崇高的精神情感——国家荣誉感！

地球上的人都会有国家的概念，但未必时时都有国家的感情。往往人到异国，思念家乡，心怀故国，这国家概念就变得有血有肉[7]，爱国之情来得非常具体。而现代社会，科技昌达，信息快捷，事事上网，世界真是太小太小，国家的界限似乎[8]也不那么[9]清晰[10]了。再说足球正在快速世界化，平日里各国球员频繁转会，往来随意，致使越来越多的国家联赛都具有国际的因素。球员们不论[11]国籍，只效力于自己的俱乐部，他们比赛时的激情中完全没有爱国主义的因子[12]。

然而，到了世界杯大赛，天下大变。各国球员都回国效力，穿上与光荣的国旗同样色彩的服装。在每一场比赛前，还高唱国歌以宣誓对自己祖国的挚爱与忠诚。一种血缘[13]情感开始在全身的血管[14]里燃烧起来，而且立刻热血[15]沸腾[16]。

在历史时代，国家间经常发生对抗，好男儿[17]戎装[18]卫国。国家的荣誉往往需要以自己的生命去换//取。但在和平时代，唯有这种国家之间大规模对抗性的大赛，才可以唤起那种遥远而神圣的情感，那就是：为祖国而战！

节选自冯骥才《国家荣誉感》

语音提示

(1)盘踞 pánjù
(2)脑袋 nǎo•dai
(3)怎么 zěn•me
(4)魅力 mèilì
(5)什么 shén•me
(6)东西 dōng•xi
(7)有血有肉 yǒuxuè-yǒuròu
(8)似乎 sìhū
(9)那么 nà•me
(10)清晰 qīngxī
(11)不论 búlùn
(12)因子 yīnzǐ
(13)血缘 xuèyuán
(14)血管 xuèguǎn
(15)热血 rèxuè
(16)沸腾 fèiténg

(17)男儿 nán'ér (18)戎装 róngzhuāng

作品 12 号

夕阳落山不久，西方的天空，还燃烧着一片橘红色的晚霞。大海，也被这霞光染成了红色，而且比天空的景色更要壮观。因为(1)它是活动的，每当一排排波浪(2)涌起(3)的时候(4)，那映照在浪峰上的霞光，又红又亮，简直就像一片片霍霍燃烧着的火焰(5)，闪烁(6)着，消失了。而后面的一排，又闪烁着，滚动着，涌了过来(7)。

天空的霞光渐渐地淡下去了，深红的颜色变成了绯红(8)，绯红又变为浅红。最后，当这一切红光都消失了的时候，那突然显得高而远了的天空，则呈现出一片肃穆的神色。最早出现的启明星，在这蓝色的天幕上闪烁起来了。它是那么(9)大，那么亮，整个广漠(10)的天幕上只有它在那里放射着令人注目的光辉，活像一盏悬挂在高空的明灯。

夜色加浓，苍空中的"明灯"越来越多了。而城市各处的真的灯火也次第(11)亮了起来，尤其是围绕(12)在海港周围山坡上的那一片灯光，从半空倒映在乌蓝的海面上，随着波浪，晃动(13)着，闪烁着，像一串流动着的珍珠，和那一片片密布在苍穹(14)里的星斗互相辉映，煞(15)是好看。

在这幽美的夜色中，我踏着软绵绵(16)的沙滩，沿着海边，慢慢地向前走去。海水，轻轻地抚摸(17)着细软的沙滩，发出温柔的//刷刷声。晚来的海风，清新而又凉爽。我的心里，有着说不出的兴奋(18)和愉快。

夜风轻飘飘地吹拂(19)着，空气中飘荡着一种大海和田禾相混合(20)的香味儿(21)，柔软的沙滩上还残留着白天太阳炙晒(22)

的余温。那些在各个工作岗位上劳动了一天的人们，三三两两地来到这软绵绵的沙滩上，他们浴着凉爽的海风，望着那缀满了星星的夜空，尽情地说笑，尽情地休憩[23]。

节选自峻青《海滨仲夏夜》

语音提示

(1)因为 yīn·wèi
(2)波浪 bōlàng
(3)涌起 yǒngqǐ
(4)时候 shí·hou
(5)火焰 huǒyàn
(6)闪烁 shǎnshuò
(7)过来 guò·lái
(8)绯红 fēihóng
(9)那么 nà·me
(10)广漠 guǎngmò
(11)次第 cìdì
(12)围绕 wéirào
(13)晃动 huàngdòng
(14)苍穹 cāngqióng
(15)煞 shà
(16)软绵绵 ruǎnmiánmián
(17)抚摸 fǔmō
(18)兴奋 xīngfèn
(19)吹拂 chuīfú
(20)混合 hùnhé
(21)香味儿 xiāngwèir
(22)炙晒 zhìshài
(23)休憩 xiūqì

作品 13 号

生命在海洋里诞生绝不是偶然的，海洋的物理和化学性质[1]，使它成为孕育原始生命的摇篮。

我们知道，水是生物的重要组成部分[2]，许多动物组织的含水量在百分之八十以上，而一些海洋生物的含水量高达百分之九十五。水是新陈代谢的重要媒介，没有它，体内的一系列生理和生物化学反应[3]就无法进行，生命也就停止。因此，在短时期内动物缺水要比缺少食物更加危险。水对今天的生命是如此重要，它对脆弱的原始生命，更是举足轻重了。生命在海洋里诞生，就不会有缺水之忧。

水是一种良好的溶剂。海洋中含有许多生命所必需的无机盐，如氯化钠[(4)]、氯化钾、碳酸盐、磷酸盐，还有溶解氧，原始生命可以毫不费力地从中吸取它所需要的元素。

水具有很高的热容量，加之海洋浩大，任凭夏季烈日曝晒[(5)]，冬季寒风扫荡，它的温度变化却比较[(6)]小。因此，巨大的海洋就像是天然的“温箱”，是孕育原始生命的温床。

阳光虽然[(7)]为[(8)]生命所必需，但是阳光中的紫外线却有扼杀[(9)]原始生命的危险。水能有效地吸收紫外线，因而又为原始生命提供[(10)]了天然的“屏障[(11)]”。

这一切都是原始生命得以产生和发展的必要条件。//

节选自童裳亮《海洋与生命》

语音提示

(1)性质　xìngzhì
(2)部分　bù•fen
(3)反应　fǎnyìng
(4)氯化钠　lǜhuànà
(5)曝晒　pùshài
(6)比较　bǐjiào
(7)虽然　suīrán
(8)为　wéi
(9)扼杀　èshā
(10)提供　tígōng
(11)屏障　píngzhàng

作品 14 号

读小学的时候[(1)]，我的外祖母去世了。外祖母生前最疼爱我，我无法排除自己的忧伤，每天在学校的操场上一圈儿[(2)]又一圈儿地跑着，跑得累倒在地上，扑在草坪上痛哭。

那哀痛的日子[(3)]，断断续续地持续了很久，爸爸[(4)]妈妈[(5)]也不知道如何安慰我。他们知道与其骗我说外祖母睡着了[(6)]，还不如对我说实话：外祖母永远不会回来了。

“什么[7]是永远不会回来呢?”我问着。

“所有时间里的事物，都永远不会回来。你的昨天过去，它就永远变成昨天，你不能再回到昨天。爸爸以前也和你一样小，现在也不能回到你这么[8]小的童年了；有一天你会长大，你会像外祖母一样老；有一天你度过了[9]你的时间，就永远不会回来了。”爸爸说。

爸爸等于给我一个谜语，这谜语比课本上的“日历挂在墙壁，一天撕去一页，使我心里着急[10]”和“一寸光阴一寸金，寸金难买寸光阴”还让我感到可怕；也比作文本上的“光阴似箭，日月如梭”更让我觉得有一种说不出的滋味。

时间过得那么[11]飞快，使我的小心眼儿[12]里不只是着急，还有悲伤。有一天我放学回家，看到太阳[13]快落山了，就下决心说：“我要比太阳更快地回家。”我狂奔[14]回去，站在庭院前喘气的时候，看到太阳//还露着半边脸，我高兴地跳跃[15]起来，那一天我跑赢了太阳。以后我就时常做那样的游戏，有时和太阳赛跑，有时和西北风比快，有时一个暑假才能做完的作业，我十天就做完了；那时我三年级，常常把哥哥[16]五年级的作业拿来做。每一次比赛胜过时间，我就快乐得不知道怎么[17]形容。

如果将来我有什么要教给我的孩子，我会告诉[18]他：假若你一直和时间比赛，你就可以成功！

节选自(台湾)林清玄《和时间赛跑》

语音提示

(1)时候　shí·hou
(2)圈儿　quānr
(3)日子　rì·zi
(4)爸爸　bà·ba
(5)妈妈　mā·ma
(6)睡着了　shuìzháo·le
(7)什么　shén·me
(8)这么　zhè·me

(9)度过了 dùguò·le
(10)着急 zháojí
(11)那么 nà·me
(12)心眼儿 xīnyǎnr
(13)太阳 tài·yáng
(14)狂奔 kuángbēn
(15)跳跃 tiàoyuè
(16)哥哥 gē·ge
(17)怎么 zěn·me
(18)告诉 gào·su

作品 15 号

三十年代初，胡适在北京大学任教授。讲课时他常常对白话文大加称赞，引起一些只喜欢(1)文言文而不喜欢白话文的学生(2)的不满。

一次，胡适正讲得得意的时候，一位姓魏的学生突然站了起来，生气地问："胡先生(3)，难道说白话文就毫无缺点吗?"胡适微笑着回答说："没有。"那位学生更加激动了："肯定有！白话文废话太多，打电报用字多，花钱多。"胡适的目光顿时变亮了，轻声地解释说："不一定吧！前几天有位朋友(4)给我打来电报，请我去政府部门工作，我决定不去，就回电拒绝了。复电是用白话写的，看来也很省字。请同学们根据我这个(5)意思(6)，用文言文写一个回电，看看(7)究竟是白话文省字，还是文言文省字?"胡教授刚说完，同学们立刻认真地写了起来。

十五分钟过去，胡适让同学举手，报告用字的数目，然后挑了一份用字最少的文言电报稿，电文是这样写的：

"才疏学浅，恐难胜任，不堪(8)从命。"白话文的意思是：学问(9)不深，恐怕很难担任这个工作，不能服从安排。

胡适说，这份写得确实不错，仅用了十二个字。但我的白话电报却只用了五个字：

"干不了(10)，谢谢(11)！"

胡适又解释说："干不了"就有才疏学浅、恐难胜任的意思；"谢谢"既//对朋友的介绍表示感谢，又有拒绝的意思。所以，废话多不多，并不看它是文言文还是白话文，只要注意选用字词，白话文是可以比文言文更省字的。

节选自陈灼主编《实用汉语中级教程》(上)中《胡适的白话电报》

语音提示

(1)喜欢 xǐ·huan
(2)学生 xué·sheng
(3)先生 xiān·sheng
(4)朋友 péng·you
(5)这个 zhè·ge (zhèi·ge)
(6)意思 yì·si
(7)看看 kàn·kan
(8)不堪 bùkān
(9)学问 xué·wen
(10)干不了 gàn·bùliǎo
(11)谢谢 xiè·xie

作品16号

很久以前，在一个漆黑的秋天的夜晚，我泛舟在西伯利亚一条阴森森的河上。船到一个转弯[(1)]处，只见前面黑黢黢[(2)]的山峰下面一星火光蓦地[(3)]一闪。

火光又明又亮，好像就在眼前……

"好啦，谢天谢地！"我高兴地说，"马上就到过夜的地方[(4)]啦！"

船夫扭头朝身后的火光望了一眼，又不以为然地划[(5)]起桨来。

"远着呢！"

我不相信他的话，因为[(6)]火光冲破朦胧[(7)]的夜色，明明在那儿[(8)]闪烁[(9)]。不过船夫是对的，事实上，火光的确[(10)]还远着呢。

这些黑夜的火光的特点是：驱散黑暗，闪闪发亮，近在眼前，令人神往。乍[11]一看，再划几下就到了……其实却还远着呢！……

我们在漆黑如墨的河上又划了很久。一个个峡谷和悬崖，迎面驶来，又向后移去，仿佛[12]消失在茫茫的远方，而火光却依然停在前头[13]，闪闪发亮，令人神往——依然是这么近，又依然是那么远……

现在，无论是这条被悬崖峭壁的阴影笼罩的漆黑的河流，还是那一星明亮的火光，都经常浮现在我的脑际，在这以前和在这以后，曾有许多火光，似乎[14]近在咫尺[15]，不止使我一人心驰神往。可是生活之河却仍然[16]在那阴森森的两岸之间流着，而火光也依旧非常遥远。因此，必须加劲划桨……

然而，火光啊……毕竟……毕竟就//在前头！……

节选自[俄]柯罗连科《火光》，张铁夫译

语音提示

(1)转弯　zhuǎnwān
(2)黑黢黢　hēiqūqū
(3)蓦地　mòdì
(4)地方　dì•fang
(5)划　huá
(6)因为　yīn•wèi
(7)朦胧　ménglóng
(8)那儿　nàr
(9)闪烁　shǎnshuò
(10)的确　díquè
(11)乍　zhà
(12)仿佛　fǎngfú
(13)前头　qián•tou
(14)似乎　sìhū
(15)咫尺　zhǐchǐ
(16)仍然　réngrán

作品 17 号

对于一个在北平住惯的人，像我，冬天要是不刮风，便觉得是奇迹；济南[1]的冬天是没有风声的。对于一个刚由伦敦回来的人，像我，冬天要能看得见日光，便觉得是怪事；济南的冬天是响晴[2]的。自然，在热带的地方[3]，日光永远是那么[4]毒，响亮的天气，反有点儿[5]叫人害怕[6]。可是，在北方的冬天，而能有温晴的天气，济南真得[7]算个宝地。

设若[8]单单是有阳光，那也算不了出奇。请闭上眼睛[9]想：一个老城，有山有水，全在天底下晒着阳光，暖和[10]安适地睡着，只等春风来把它们唤醒，这是不是理想的境界？小山整把济南围了个圈儿[11]，只有北边缺着点口儿[12]。这一圈小山在冬天特别可爱，好像是把济南放在一个小摇篮里，它们安静不动地低声地说："你们放心吧，这儿[13]准保暖和。"真的，济南的人们在冬天是面上含笑的。他们一看那些[14]小山，心中便觉得有了着落[15]，有了依靠。他们由天上看到山上，便不知不觉地想起：明天也许就是春天了吧？这样的温暖，今天夜里山草也许就绿起来了吧？就是这点儿[16]幻想不能一时实现，他们也并不着急[17]，因为[18]这样慈善的冬天，干什么[19]还希望别的呢！

最妙的是下点儿小雪呀。看吧，山上的矮松越发的青黑，树尖儿[20]上//顶着一髻儿[21]白花，好像日本看护[22]妇。山尖儿全白了，给蓝天镶上一道银边[23]。山坡上，有的地方雪厚点儿，有的地方草色还露[24]着；这样，一道儿[25]白，一道儿暗黄，给山们穿上一件带水纹儿[26]的花衣；看着看着，这件花衣好像被风儿[27]吹动，叫你希望看见一点儿更美的山的肌肤[28]。等到快日落的时候[29]，微黄的阳光斜射在山腰上，那点儿薄[30]雪好像忽然害羞，微微露出[31]点儿粉色。就是下小雪吧，济南是受不住大雪的，那些小山太秀气[32]。

节选自老舍《济南的冬天》

语音提示

(1)济南 Jǐnán
(2)响晴 xiǎngqíng
(3)地方 dì·fang
(4)那么 nà·me
(5)有点儿 yǒudiǎnr
(6)害怕 hàipà
(7)得 děi
(8)设若 shèruò
(9)眼睛 yǎn·jing
(10)暖和 nuǎn·huo
(11)圈儿 quānr
(12)(缺着)点口儿 diǎnrkǒur
(13)这儿 zhèr
(14)那些 nàxiē
(15)着落 zhuóluò
(16)这点儿 zhèdiǎnr (zhèidiǎnr)
(17)着急 zháojí
(18)因为 yīn·wèi
(19)干什么 gànshén·me
(20)树尖儿 shùjiānr
(21)髻儿 jìr
(22)看护 kānhù
(23)银边 yínbiānr
(24)露 lòu
(25)一道儿 yídàor
(26)水纹儿 shuǐwénr
(27)风儿 fēng'ér
(28)肌肤 jīfū
(29)时候 shí·hou
(30)薄 báo
(31)露出 lùchū
(32)秀气 xiù·qi

作品 18 号

纯朴的家乡村边有一条河，曲曲弯弯(1)，河中架一弯石桥，弓样的小桥横跨两岸。

每天，不管是鸡鸣晓月，日丽中天，还是月华泻地，小桥都印下串串足迹，洒落串串汗珠(2)。那是乡亲(3)为了追求多棱(4)的希望，兑现(5)美好的遐想(6)。弯弯小桥，不时荡过(7)轻吟(8)低唱，不时露出(9)舒心的笑容。

因而，我稚小的心灵，曾将心声献给小桥：你是一弯银色的新月，给人间普照光辉；你是一把闪亮的镰刀，割刈(10)着欢笑的花果；你是一根晃悠悠[11]的扁担[12]，挑起[13]了彩色的明天！哦，小桥走进我的梦中。

我在飘泊[14]他乡的岁月，心中总涌动[15]着故乡的河水，梦中总看到弓样的小桥。当我访南疆探北国，眼帘闯进座座雄伟的长桥时，我的梦变得丰满了，增添了赤橙黄绿青蓝紫。

三十多年过去，我带着满头霜花回到故乡，第一紧要的便是去看望小桥。

啊！小桥呢？它躲起来了？河中一道长虹，浴着朝霞[16]熠熠[17]闪光。哦，雄浑的大桥敞开胸怀，汽车的呼啸[18]、摩托的笛音、自行车的丁零，合奏着进行交响乐；南来的钢筋、花布，北往的柑橙[19]、家禽，绘出交流欢悦图……

啊！蜕变[20]的桥，传递了家乡进步的消息[21]，透露[22]了家乡富裕的声音。时代的春风，美好的追求，我蓦地[23]记起儿时唱//给小桥的歌，哦，明艳艳的太阳照耀了，芳香甜蜜的花果捧来了，五彩斑斓[24]的岁月拉开了！

我心中涌动的河水，激荡起甜美的浪花。我仰望一碧蓝天，心底轻声呼喊：家乡的桥啊，我梦中的桥！

节选自郑莹《家乡的桥》

语音提示

(1)曲曲弯弯　qūqū-wānwān
(2)汗珠　hànzhū
(3)乡亲　xiāngqīn
(4)多棱　duōléng
(5)兑现　duìxiàn
(6)遐想　xiáxiǎng
(7)荡过　dàngguò
(8)轻吟　qīngyín
(9)露出　lùchū
(10)割刈　gēyì
(11)晃悠悠　huàngyōuyōu
(12)扁担　biǎn·dan
(13)挑起　tiāoqǐ
(14)漂泊　piāobó
(15)涌动　yǒngdòng
(16)朝霞　zhāoxiá

(17)熠熠 yìyì
(18)呼啸 hūxiào
(19)柑橙 gānchéng
(20)蜕变 tuìbiàn
(21)消息 xiāo·xi
(22)透露 tòulù
(23)蓦地 mòdì
(24)斑斓 bānlán

作品 19 号

三百多年前，建筑设计师莱伊恩受命设计了英国温泽[1]市政府大厅。他运用工程力学的知识[2]，依据自己多年的实践，巧妙地设计了只用一根柱子支撑[3]的大厅天花板。一年以后，市政府权威人士进行工程验收时，却说只用一根柱子支撑天花板太危险，要求莱伊恩再多加几根柱子。

莱伊恩自信只要一根坚固的柱子足以保证大厅安全，他的"固执[4]"惹恼[5]了市政官员，险些被送上法庭。他非常苦恼，坚持自己原先的主张吧，市政官员肯定会另找人修改设计；不坚持吧，又有悖[6]自己为人[7]的准则。矛盾了很长一段时间，莱伊恩终于想出了一条妙计，他在大厅里增加了四根柱子，不过这些柱子并未与天花板接触[8]，只不过是装装[9]样子。

三百多年过去了，这个秘密始终没有被人发现。直到前两年，市政府准备修缮[10]大厅的天花板，才发现莱伊恩当年的"弄虚作假[11]"。消息[12]传出后，世界各国的建筑专家和游客云集，当地[13]政府对此也不加掩饰[14]，在新世纪到来之际，特意将大厅作为一个旅游景点[15]对外开放，旨在引导人们崇尚和相信科学。

作为一名建筑师，莱伊恩并不是最出色的。但作为一个人，他无疑非常伟大，这种//伟大表现在他始终恪守[16]着自己的原则，给高贵的心灵一个美丽的住所，哪怕是遭遇到最大的阻力，也要想办法抵达胜利。

节选自游宇明《坚守你的高贵》

语音提示

(1)温泽　Wēnzé
(2)知识　zhī·shi
(3)支撑　zhīchēng
(4)固执　gù·zhí
(5)惹恼　rěnǎo
(6)悖　bèi
(7)为人　wéirén
(8)接触　jiēchù
(9)装装　zhuāng·zhuang
(10)修缮　xiūshàn
(11)弄虚作假　nòngxū-zuòjiǎ
(12)消息　xiāo·xi
(13)当地　dāngdì
(14)掩饰　yǎnshì
(15)景点　jǐngdiǎn
(16)恪守　kèshǒu

作品 20 号

自从传言有人在萨文河畔[1]散步时无意发现了金子后，这里便常有来自四面八方的淘金者。他们都想成为富翁，于是寻遍了整个河床，还在河床上挖出很多大坑，希望借助它们找到更多的金子。的确[2]，有一些人找到了，但另外一些人因为[3]一无所得而只好扫兴归去。

也有不甘心落空的，便驻扎[4]在这里，继续寻找。彼得·弗[5]雷特就是其中一员。他在河床附近买了一块没人要的土地，一个人默默地工作。他为了找金子，已把所有的钱都押在这块土地上。他埋头苦干了几个月，直到土地全变成了坑坑洼洼[6]，他失望了——他翻遍了整块土地，但连一丁点儿[7]金子都没看见。

六个月后，他连买面包的钱都没有了。于是他准备离开这儿[8]到别处去谋生。

就在他即将[9]离去的前一个晚上，天下起了倾盆[10]大雨，并且一下就是三天三夜。雨终于停了，彼得走出小木屋，发现眼前的土地看上去好像和以前不一样：坑坑洼洼已被大水冲刷平整，松软的土地上长出一层绿茸茸[11]的小草。

“这里没找到金子，”彼得忽有所悟地说，“但这土地很肥沃，我可以用来种花，并且拿到镇上去卖给那些富人，他们一定会买些花装扮他们华丽的客厅。//如果真是这样的话，那么[12]我一定会赚许多钱，有朝一日我也会成为富人……”

于是他留了下来。彼得花了不少精力培育花苗，不久田地里长满了美丽娇艳的各色鲜花。

五年以后，彼得终于实现了他的梦想——成了一个富翁。“我是唯一的一个找到真金的人！”他时常不无骄傲地告诉别人，“别人在这儿找不到金子后便远远地离开，而我的‘金子’是在这块土地里，只有诚实的人用勤劳才能采集到。”

节选自陶猛译《金子》

语音提示

(1)河畔 hépàn
(2)的确 díquè
(3)因为 yīn•wèi
(4)驻扎 zhùzhā
(5)弗 fú
(6)坑坑洼洼 kēng-keng-wāwā
(7)一丁点儿 yìdīngdiǎnr
(8)这儿 zhèr
(9)即将 jíjiāng
(10)倾盆 qīngpén
(11)绿茸茸 lùróngróng
(口语一般读 lùrōngrōng)
(12)那么 nà•me

作品 21 号

我在加拿大学习期间遇到过[1]两次募捐，那情景至今使我难以忘怀。

一天，我在渥太华[2]的街上被两个男孩子拦住去路。他们十来岁，穿得整整齐齐，每人头上戴着个做工精巧、色彩鲜艳的纸帽，上面写着“为帮助患小儿麻痹[3]的伙伴募捐”。其中的一个，不由分说就坐在小凳上给我擦起皮鞋来，另一个则彬彬有礼地发问：“小姐，您是哪国人？喜欢[4]渥太华吗？”“小姐，在你们国家有没有小孩儿[5]患小儿麻痹？谁[6]给他们医疗费？”一连串的问题，使我这个有生以来头一次在众目睽睽[7]之下让别人擦鞋的异乡人，从近乎狼狈的窘态[8]中解脱出来。我们像朋友[9]一样聊起天儿[10]来……

几个月之后，也是在街上。一些十字路口处或车站坐着几位老人。他们满头银发，身穿各种老式军装，上面布满了大大小小形形色色的徽章、奖章，每人手捧一大束鲜花，有水仙、石竹、玫瑰[11]及叫不出名字[12]的，一色雪白。匆匆过往的行人纷纷止步，把钱投进这些老人身旁的白色木箱内，然后向他们微微鞠躬[13]，从他们手中接过[14]一朵花。我看了一会儿[15]，有人投一两元，有人投几百元，还有人掏出支票填[16]好后投进木箱。那些老军人毫不注意人们捐多少钱，一直不//停地向人们低声道谢。同行的朋友告诉[17]我，这是为纪念二次大战中参战的勇士，募捐救济残废军人和烈士遗孀[18]，每年一次；认捐的人可谓踊跃[19]，而且秩序井然，气氛庄严。有些地方[20]，人们还耐心地排着队。我想，这是因为[21]他们都知道：正是这些老人们的流血[22]牺牲换来了包括他们信仰自由在内的许许多多。

我两次把那微不足道的一点儿[23]钱捧给他们，只想对他们说声“谢谢[24]”。

节选自青白《捐诚》

语音提示

(1)遇到过 yùdào·guo
(2)渥太华 Wòtàihuá
(3)麻痹 mábì
(4)喜欢 xǐ·huan
(5)小孩儿 xiǎoháir
(6)谁 shéi(shuí)
(7)睽睽 kuíkuí
(8)窘态 jiǒngtài
(9)朋友 péng·you
(10)天儿 tiānr
(11)玫瑰 méi·guī
(12)名字 míng·zi
(13)鞠躬 jūgōng
(14)接过 jiē·guo
(15)一会儿 yíhuìr
(口语中也读 yìhuǐr)
(16)填 tián
(17)告诉 gào·su
(18)遗孀 yíshuāng
(19)踊跃 yǒngyuè
(20)地方 dì·fang
(21)因为 yīn·wèi
(22)流血 liúxuè
(23)一点儿 yìdiǎnr
(24)谢谢 xiè·xie

作品 22 号

没有一片绿叶，没有一缕炊烟，没有一粒泥土，没有一丝花香，只有水的世界，云的海洋。

一阵台风袭过[1]，一只孤单的小鸟无家可归，落到被卷到洋里的木板上，乘[2]流而下，姗姗[3]而来，近了，近了！……

忽然，小鸟张开翅膀[4]，在人们头顶盘旋了几圈儿[5]，“噗啦[6]”一声落到了船上。许是累了？还是发现了“新大陆”？水手撵[7]它，它不走，抓它，它乖乖地落在掌心。可爱的小鸟和善良的水手结成[8]了朋友[9]。

瞧，它多美丽，娇巧的小嘴，啄[10]理着绿色的羽毛，鸭子样的扁脚，呈现出春草的鹅黄。水手们把它带到舱里，给它“搭铺”，让它在船上安家落户，每天，把分到的一塑料[11]筒淡水匀给它喝，把从祖国带来的鲜美的鱼肉分给它吃，天长日久，小鸟和水手的感情日趋笃厚[12]。清晨，当第一束[13]阳光射进舷窗[14]时，它便敞开美丽的歌喉，唱啊唱，嘤嘤[15]有韵，宛如[16]春水淙淙[17]。人类给它以生命，它毫不悭吝[18]地把自己的艺术青春奉献给了哺育[19]它的人。可能都是这样？艺术家们的青春只会献给尊敬他们的人。

小鸟给远航生活蒙上了一层浪漫色调。返航时，人们爱不释手，恋恋不舍地想把它带到异乡。可小鸟憔悴[20]了，给水，不喝！喂肉，不吃！油亮的羽毛失去了光泽。是啊，我//们有自己的祖国，小鸟也有它的归宿，人和动物都是一样啊，哪儿[21]也不如故乡好！

慈爱的水手们决定放开它，让它回到大海的摇篮去，回到蓝色的故乡去。离别前，这个大自然的朋友与水手们留影纪念。它站在许多人的头上，肩上，掌上，胳膊[22]上，与喂养过它的人们，一起融进那蓝色的画面……

节选自王文杰《可爱的小鸟》

语音提示

(1)袭过　xíguò
(2)乘　chéng
(3)姗姗　shānshān
(4)翅膀　chìbǎng
(5)圈儿　quānr
(6)噗啦　pūlā
(7)撵　niǎn
(8)结成　jiéchéng
(9)朋友　péng•you
(10)啄　zhuó
(11)塑料　sùliào
(12)笃厚　dǔhòu
(13)第一束　dìyīshù
(14)舷窗　xiánchuāng
(15)嘤嘤　yīngyīng
(16)宛如　wǎnrú
(17)淙淙　cóngcóng
(18)悭吝　qiānlìn
(19)哺育　bǔyù
(20)憔悴　qiáocuì
(21)哪儿　nǎr
(22)胳膊　gē•bo

作品 23 号

纽约的冬天常有大风雪，扑面的雪花不但令人难以睁开眼睛[1]，甚至呼吸都会吸入冰冷的雪花。有时前一天晚上[2]还是一片晴朗，第二天拉开窗帘，却已经积雪盈尺，连门都推不开了。

遇到这样的情况，公司、商店常会停止上班，学校也通过广播，宣布停课。但令人不解的是，唯有公立小学，仍然[3]开放。只见黄色的校车，艰难地在路边接孩子，老师则一大早就口中喷着热气，铲去车子前后的积雪，小心翼翼地开车去学校。

据统计，十年来纽约的公立小学只因为[4]超级暴风雪停过[5]七次课。这是多么令人惊讶的事。犯得着[6]在大人都无须上班的时候[7]让孩子去学校吗？小学的老师也太倒霉了吧？

于是，每逢大雪而小学不停课时，都有家长打电话去骂。妙的是，每个打电话的人，反应[8]全一样——先是怒气冲冲地责问，然后满口道歉，最后笑容满面地挂上电话。原因是，学校告诉家长：

在纽约有许多百万富翁，但也有不少贫困的家庭。后者白天开不起暖气，供[9]不起午餐，孩子的营养全靠学校里免费的中饭，甚至可以多拿些回家当[10]晚餐。学校停课一天，穷孩子就受一天冻，挨[11]一天饿，所以老师们宁愿[12]自己苦一点儿[13]，也不能停//课。

或许有家长会说：何不让富裕的孩子在家里，让贫穷的孩子去学校享受暖气和营养午餐呢？

学校的答复是：我们不愿让那些穷苦的孩子感到他们是在接受救济，因为施舍的最高原则是保持受施者的尊严。

节选自（台湾）刘墉《课不能停》

语音提示

(1)眼睛　yǎn·jing	(8)反应　fǎnyìng
(2)晚上　wǎn·shang	(9)供　gōng
(3)仍然　réngrán	(10)当　dàng
(4)因为　yīn·wèi	(11)挨　ái
(5)停过　tíng·guo	(12)宁愿　nìngyuàn
(6)犯得着　fàn·dezháo	(13)一点儿　yìdiǎnr
(7)时候　shí·hou	

作品 24 号

十年，在历史上不过是一瞬间[1]。只要稍加注意，人们就会发现：在这一瞬间里，各种事物都悄悄[2]经历了自己的千变万化。

这次重新访日，我处处感到亲切和熟悉，也在许多方面发觉了日本的变化。就拿奈良的一个角落来说吧，我重游了为[3]之感受很深的唐招提寺，在寺内各处匆匆走了一遍，庭院依旧，但意想不到还看到了一些新的东西[4]。其中之一，就是近几年从中国移植来的“友谊[5]之莲”。

在存放鉴真遗像的那个院子里，几株中国莲昂然挺立，翠绿的宽大荷叶正迎风而舞，显得十分愉快[6]。开花的季节已过，荷花朵朵已变为莲蓬[7]累累[8]。莲子[9]的颜色正在由青转紫，看来已经成熟[10]了。

我禁不住[11]想：“因”已转化为“果”。

中国的莲花开在日本，日本的樱花开在中国，这不是偶然。我希望这样一种盛况延续不衰。可能有人不欣赏花，但决不会有人欣赏落在自己面前的炮弹。

在这些日子里，我看到了不少多年不见的老朋友[12]，又结识[13]了一些新朋友。大家喜欢涉及的话题之一，就是古长安和古奈良。那还用得着[14]问吗，朋友们缅怀过去，正是瞩望[15]未来。瞩目于未来的人们必将获得未来。

我不例外，也希望一个美好的未来。

为//了中日人民之间的友谊，我将不浪费今后生命的每一瞬间。

节选自严文井《莲花和樱花》

语音提示

(1)瞬间　shùnjiān
(2)悄悄　qiāoqiāo
(3)为　wèi
(4)东西　dōng•xi
(5)友谊　yǒuyì
(6)愉快　yúkuài
(7)莲蓬　lián•peng
(8)累累　léiléi
(9)莲子　liánzǐ
(10)成熟　chéngshú
(11)禁不住　jīn•búzhù
(12)朋友　péng•you
(13)结识　jiéshí
(14)用得着　yòng•dezháo
(15)瞩望　zhǔwàng

作品 25 号

梅雨潭闪闪的绿色招引着我们，我们开始追捉[1]她那离合的神光了。揪[2]着草，攀着乱石，小心探身下去，又鞠躬过了一个石穹[3]门，便到了汪汪一碧的潭边了。

瀑布在襟袖[4]之间，但是我的心中已没有瀑布了。我的心随潭水的绿而摇荡。那醉人的绿呀！仿佛[5]一张极大极大的荷叶铺着，满是奇异的绿呀。我想张开两臂[6]抱住她，但这是怎样一个妄想啊。

站在水边，望到那面，居然觉着有些远呢！这平铺着、厚积着的绿，着实[7]可爱。她松松地皱缬[8]着，像少妇拖着的裙幅[9]；她滑滑的明亮着，像涂了“明油”一般，有鸡蛋清那样软，那样嫩；她又不杂些尘滓[10]，宛然一块温润的碧玉，只清清的一色——但你却看不透她！

我曾见过[11]北京什刹海[12]拂地[13]的绿杨，脱不了鹅黄的底子，似乎[14]太淡了。我又曾见过杭州虎跑寺[15]近旁高峻[16]而深密的“绿壁”，丛叠着无穷的碧草与绿叶的，那又似乎太浓了。其余呢，西湖的波太明了，秦淮河的也太暗了。可爱的，我将什么[17]来比拟[18]你呢？我怎么[19]比拟得出呢？大约潭是很深的，故能蕴蓄[20]着这样奇异的绿；仿佛蔚蓝的天融了一块在里面似的[21]，这才这般的鲜润[22]啊。

那醉人的绿呀！我若能裁你以为[23]带，我将赠给那轻盈的//舞女，她必能临风飘举了。我若能挹[24]你以为眼，我将赠给那善歌的盲妹，她必明眸善睐[25]了。我舍不得你，我怎舍得你呢？我用手拍着你，抚摩[26]着你，如同一个十二三岁的小姑娘[27]。我又掬[28]你入口，便是吻着她了。我送你一个名字[29]，我从此叫你“女儿绿”，好吗？

第二次到仙岩的时候，我不禁[30]惊诧[31]于梅雨潭的绿了。

节选自朱自清《绿》

语音提示

(1)追捉　zhuīzhuō
(2)揪　jiū
(3)穹　qióng
(4)襟袖　jīnxiù
(5)仿佛　fǎngfú
(6)两臂　liǎngbì
(7)着实　zhuóshí
(8)皱缬　zhòuxié
(9)裙幅　qúnfú
(10)尘滓　chénzǐ
(11)见过　jiàn•guo
(12)什刹海　Shíchàhǎi
(13)拂地　fúdì
(14)似乎　sìhū
(15)虎跑寺　Hǔpáosì
(16)高峻　gāojùn

(17)什么 shén·me
(18)比拟 bǐnǐ
(19)怎么 zěn·me
(20)蕴蓄 yùnxù
(21)似的 shì·de
(22)鲜润 xiānrùn
(23)以为 yǐwéi
(24)挹 yì
(25)明眸善睐 míngmóu-shànlài
(26)抚摩 fǔmó
(27)姑娘 gū·niang
(28)掬 jū
(29)名字 míng·zi
(30)不禁 bùjīn
(31)惊诧 jīngchà

作品 26 号

我们家的后园有半亩空地(1)，母亲说："让它荒着怪可惜的，你们那么(2)爱吃花生，就开辟出来种花生吧。"我们姐弟几个都很高兴，买种(3)，翻地，播种(4)，浇水，没过几个月，居然收获了。

母亲说："今晚我们过一个收获节，请你们父亲也来尝尝(5)我们的新花生，好不好？"我们都说好。母亲把花生做成了好几样食品，还吩咐就在后园的茅亭里过这个节。

晚上(6)天色不太好，可是父亲也来了，实在很难得。

父亲说："你们爱吃花生吗？"

我们争着答应(7)："爱！"

"谁能把花生的好处说出来？"

姐姐(8)说："花生的味(9)美。"

哥哥(10)说："花生可以榨油。"

我说："花生的价钱便宜(11)，谁都可以买来吃，都喜欢(12)吃。这就是它的好处。"

父亲说："花生的好处很多，有一样最可贵：它的果实埋在地里，不像桃子(13)、石榴(14)、苹果那样，把鲜红嫩绿的果实高高地挂在枝头上，使人一见就生爱慕之心。你们看它矮矮地长在地上，等到成熟[15]了，也不能立刻分辨出来它有没有果实，必须挖出来才知道。”

我们都说是，母亲也点点头。

父亲接下去说：“所以你们要像花生，它虽然[16]不好看，可是很有用，不是外表好看而没有实用的东西[17]。”

我说：“那么，人要做有用的人，不要做只讲体面，而对别人没有好处的人了。”//

父亲说：“对。这是我对你们的希望。”

我们谈到夜深才散。花生做的食品都吃完了，父亲的话却深深地印在我的心上。

节选自许地山《落花生》

语音提示

(1)空地　kòngdì
(2)那么　nà·me
(3)买种　mǎizhǒng
(4)播种　bōzhǒng
(5)尝尝　cháng·chang
(6)晚上　wǎn·shang
(7)答应　dā·ying
(8)姐姐　jiě·jie
(9)味　wèir
(10)哥哥　gē·ge
(11)便宜　piányi
(12)喜欢　xǐ·huan
(13)桃子　táo·zi
(14)石榴　shí·liu
(15)成熟　chéngshú
(16)虽然　suīrán
(17)东西　dōng·xi

作品 27 号

我打猎归来，沿着花园的林阴路走着。狗跑在我前边。

突然，狗放慢脚步，蹑足[1]潜行[2]，好像嗅[3]到了前边有什么野物。

我顺着林阴路望去，看见了一只嘴边还带黄色、头上生着柔毛的小麻雀。风猛烈地吹打着林阴路上的白桦树[4]，麻雀从巢[5]里跌落下来，呆呆地伏在地上，孤立无援地张开两只羽毛还未丰满的小翅膀。

我的狗慢慢向它靠近。忽然，从附近[6]一棵树上飞下一只黑胸脯的老麻雀，像一颗石子似的[7]落到狗的跟前。老麻雀全身倒竖[8]着羽毛，惊恐万状，发出绝望、凄惨的叫声，接着向露出[9]牙齿、大张着的狗嘴扑去。

老麻雀是猛扑下来救护幼雀的。它用身体掩护着自己的幼儿……但它整个小小的身体因恐怖而战栗[10]着，它小小的声音也变得粗暴嘶哑，它在牺牲自己！

在它看来，狗该是多么[11]庞大的怪物[12]啊！然而，它还是不能站在自己高高的、安全的树枝上……一种比它的理智更强烈的力量，使它从那儿[13]扑下身来。

我的狗站住了，向后退了退……看来，它也感到了这种力量。

我赶紧唤住惊慌失措的狗，然后我怀着崇敬的心情，走开了。

是啊，请不要见笑。我崇敬那只小小的、英勇的鸟儿[14]，我崇敬它那种爱的冲动和力量。

爱，我//想，比死和死的恐惧更强大。只有依靠它，依靠这种爱，生命才能维持下去，发展下去。

节选自[俄]屠格涅夫《麻雀》，巴金译

语音提示

(1)蹑足　nièzú　　(3)嗅　xiù

(2)潜行　qiánxíng　　(4)白桦树　báihuàshù

(5)巢 cháo
(6)附近 fùjìn
(7)似的 shì·de
(8)倒竖 dàoshù
(9)露出 lùchū
(10)战栗 zhànlì
(11)多么 duō·me
(12)怪物 guài·wu
(13)那儿 nàr
(14)鸟儿 niǎo·ér

作品 28 号

那年我六岁。离我家仅一箭之遥的小山坡旁，有一个早已被废弃的采石场，双亲从来不准我去那儿(1)，其实那儿风景十分迷人。

一个夏季的下午，我随着一群小伙伴(2)偷偷上那儿去了。就在我们穿越了一条孤寂的小路后，他们却把我一个人留在原地，然后奔(3)向“更危险的地带”了。

等他们走后，我惊慌失措地发现，再也找不到要回家的那条孤寂(4)的小道了。像只无头的苍蝇(5)，我到处乱钻，衣裤上挂满了芒刺(6)。太阳已经落山，而此时此刻，家里一定开始吃晚餐了，双亲正盼着我回家……想着想着，我不由得背靠着一棵树，伤心地呜呜大哭起来……

突然(7)，不远处传来了声声柳笛。我像找到了救星，急忙循声(8)走去。一条小道边的树桩上坐着一位吹笛人，手里还正削(9)着什么(10)。走近细看，他不就是被大家称为“乡巴佬儿(11)”的卡廷(12)吗？

“你好，小家伙儿(13)，”卡廷说，“看天气多美，你是出来散步的吧？”

我怯生生(14)地点点头，答道：“我要回家了。”

“请耐心等上几分钟，”卡廷说，“瞧，我正在削一支柳笛，差不多就要做好了，完工后就送给你吧！”

卡廷边削边不时把尚未成形的柳笛放在嘴里试吹一下。没过多久，一支柳笛便递到我手中。我俩在一阵阵清脆悦耳的笛音//中，踏上了归途……

当时，我心中只充满感激，而今天，当我自己也成了祖父时，却突然领悟到他用心之良苦！那天当他听到我的哭声时，便判定我一定迷了路，但他并不想在孩子面前扮演“救星”的角色[15]，于是吹响柳笛以便让我能发现他，并跟着他走出困境！就这样，卡廷先生以乡下人的纯朴，保护了一个小男孩儿[16]强烈的自尊。

节选自唐若水译《迷途笛音》

语音提示

(1)那儿　nàr
(2)小伙伴　xiǎohuǒbànr
(3)奔　bēn
(4)孤寂　gūjì
(5)苍蝇　cāng·ying
(6)芒刺　mángcì
(7)突然　tūrán
(8)循声　xúnshēng
(9)削　xiāo
(10)什么　shén·me
(11)乡巴佬儿　xiāng·balǎor
(12)卡廷　Kǎtíng
(13)小家伙儿 xiǎojiā·huor
(14)怯生生　qièshēngshēng
(15)角色　juésè
(16)小男孩儿　xiǎonánháir

作品 29 号

在浩瀚[1]无垠[2]的沙漠里，有一片美丽的绿洲，绿洲里藏着一颗闪光的珍珠。这颗珍珠就是敦煌莫高窟。它坐落在我国甘肃省敦煌市三危山和鸣沙山的怀抱中。

鸣沙山东麓[3]是平均高度为十七米的崖壁[4]。在一千六百多米长的崖壁上，凿有大小洞窟七百余个，形成了规模宏伟的石窟群。其中四百九十二个洞窟中，共有彩色塑像[5]两千一百余尊，各种壁画共四万五千多平方米。莫高窟是我国古代无数艺术匠师留给人类的珍贵文化遗产。

莫高窟的彩塑，每一尊都是一件精美的艺术品。最大的有九层楼那么高，最小的还不如一个手掌大。这些彩塑个性鲜明，神态各异。有慈眉善目的菩萨[6]，有威风凛凛的天王，还有强壮勇猛的力士……

莫高窟壁画的内容丰富多彩，有的是描绘古代劳动人民打猎、捕鱼[7]、耕田、收割的情景，有的是描绘人们奏乐、舞蹈、演杂技的场面，还有的是描绘大自然的美丽风光。其中最引人注目的是飞天。壁画上的飞天，有的臂[8]挎花篮，采摘鲜花；有的反弹琵琶[9]，轻拨银弦[10]；有的倒悬[11]身子，自天而降；有的彩带飘拂[12]，漫天遨游[13]；有的舒展着双臂，翩翩[14]起舞。看着这些精美动人的壁画，就像走进了//灿烂辉煌的艺术殿堂。

莫高窟里还有一个面积不大的洞窟——藏经洞。洞里曾藏有我国古代的各种经卷[15]、文书、帛画[16]、刺绣、铜像等共六万多件。由于清朝政府腐败无能，大量珍贵的文物被外国强盗掠走[17]。仅存的部分经卷，现在陈列于北京故宫等处。

莫高窟是举世闻名的艺术宝库。这里的每一尊彩塑、每一幅[18]壁画、每一件文物，都是中国古代人民智慧的结晶。

节选自小学《语文》第六册中《莫高窟》

语音提示

(1)浩瀚　hàohàn

(2)无垠　wúyín

(3)东麓　dōnglù

(4)崖壁　yábì

(5)塑像　sùxiàng

(6)菩萨　pú·sà

(7)捕鱼　bǔyú

(8)臂　bì

(9)琵琶 pí•pá
(10)银弦 yínxián
(11)倒悬 dàoxuán
(12)飘拂 piāofú
(13)遨游 áoyóu
(14)翩翩 piānpiān
(15)经卷 jīngjuàn
(16)帛画 bóhuà
(17)掠走 lüèzǒu
(18)幅 fú

作品 30 号

其实你在很久以前并不喜欢牡丹，因为[1]它总被人作为富贵膜拜[2]。后来你目睹了一次牡丹的落花，你相信所有的人都会为[3]之感动：一阵清风徐来，娇艳鲜嫩的盛期牡丹忽然整朵整朵地坠落，铺撒一地绚丽[4]的花瓣。那花瓣落地时依然鲜艳夺目，如同一只奉上祭坛[5]的大鸟脱落的羽毛，低吟[6]着壮烈的悲歌离去。

牡丹没有花谢花败之时，要么[7]烁[8]于枝头，要么归于泥土，它跨越萎顿[9]和衰老，由青春而死亡，由美丽而消遁[10]。它虽[11]美却不吝惜[12]生命，即使[13]告别也要展示给人最后一次的惊心动魄。

所以在这阴冷的四月里，奇迹不会发生。任凭游人扫兴和诅咒[14]，牡丹依然安之若素。它不苟且[15]、不俯就[16]、不妥协、不媚俗[17]，甘愿自己冷落自己。它遵循自己的花期自己的规律，它有权利为自己选择每年一度的盛大节日。它为什么[18]不拒绝寒冷？

天南海北的看[19]花人，依然络绎不绝[20]地涌入洛阳城。人们不会因牡丹的拒绝而拒绝它的美。如果它再被贬谪[21]十次，也许它就会繁衍[22]出十个洛阳牡丹城。

于是你在无言的遗憾中感悟到，富贵与高贵只是一字之差。

同人一样，花儿[23]也是有灵性的，更有品位之高低。品位这东西[24]为[25]气为魂为//筋骨为神韵，只可意会。你叹服牡丹卓尔不群[26]之姿，方知品位是多么[27]容易被世人忽略或是漠视的美。

节选自张抗抗《牡丹的拒绝》

语音提示

(1)因为　yīn•wèi
(2)膜拜　móbài
(3)为　wéi
(4)绚丽　xuànlì
(5)祭坛　jìtán
(6)低吟　dīyín
(7)要么　yào•me
(8)烁　shuò
(9)萎顿　wěidùn
(10)消遁　xiāodùn
(11)虽　suī
(12)吝惜　lìnxī
(13)即使　jíshǐ
(14)诅咒　zǔzhòu
(15)苟且　gǒuqiě
(16)俯就　fǔjiù
(17)媚俗　mèisú
(18)为什么　wèishén•me
(19)看　kàn
(20)络绎不绝　luòyì-bùjué
(21)贬谪　biǎnzhé
(22)繁衍　fányǎn
(23)花儿　huā'ér
(24)东西　dōng•xi
(25)为　wéi
(26)卓尔不群　zhuó'ěr-bùqún
(27)多么　duō•me

作品 31 号

森林涵养[1]水源，保持水土，防止水旱灾害的作用非常大。据专家测算，一片十万亩面积的森林，相当于一个两百万立方米的水库，这正如农谚所说的："山上多栽树，等于修水库。雨多它能吞，雨少它能吐[2]。"

说起森林的功劳，那还多得很。它除了为人类提供[3]木材及许多种生产、生活的原料之外，在维护生态环境方面也是功劳卓著[4]，它用另一种“能吞能吐”的特殊功能孕育了人类。因为[5]地球在形成之初，大气中的二氧化碳含量很高，氧气很少，气温也高，生物是难以生存的。大约在四亿年之前，陆地才产生了森林。森林慢慢将大气中的二氧化碳吸收，同时吐出新鲜氧气，调节[6]气温：这才具备了人类生存的条件，地球上才最终有了人类。

森林，是地球生态系统的主体，是大自然的总调度室[7]，是地球的绿色之肺。森林维护地球生态环境的这种“能吞能吐”的特殊功能是其他任何物体都不能取代的。然而，由于地球上的燃烧物增多，二氧化碳的排放量急剧增加，使得地球生态环境急剧恶化，主要表现为[8]全球气候变暖，水分[9]蒸发加快，改变了气流的循环，使气候变化加剧，从而引发热浪、飓风[10]、暴雨、洪涝及干旱。

为了//使地球的这个“能吞能吐”的绿色之肺恢复健壮，以改善生态环境，抑制[11]全球变暖，减少水旱等自然灾害，我们应该大力造林、护林，使每一座荒山都绿起来。

节选自《中考语文课外阅读试题精选》中《“能吞能吐”的森林》

语音提示

(1)涵养　hányǎng
(2)吐　tǔ
(3)提供　tígōng
(4)卓著　zhuózhù
(5)因为　yīn•wèi
(6)调节　tiáojié
(7)调度室　diàodùshì
(8)为　wéi
(9)水分　shuǐfèn
(10)飓风　jùfēng
(11)抑制　yìzhì

作品 32 号

朋友[1]即将[2]远行。

暮春时节，又邀了几位朋友在家小聚。虽然[3]都是极熟的朋友，却是终年难得一见，偶尔电话里相遇，也无非是几句寻常话。一锅小米稀饭，一碟大头菜，一盘自家酿制[4]的泡菜，一只巷口[5]买回的烤鸭，简简单单，不像请客，倒像[6]家人团聚。

其实，友情也好，爱情也好，久而久之都会转化为亲情。

说也奇怪，和新朋友会谈文学、谈哲学、谈人生道理等等，和老朋友却只话家常，柴米油盐，细细碎碎，种种琐事[7]。很多时候[8]，心灵的契合[9]已经不需要太多的言语来表达。

朋友新烫了个头，不敢回家见母亲，恐怕惊骇[10]了老人家，却欢天喜地来见我们，老朋友颇[11]能以一种趣味[12]性的眼光欣赏这个改变。

年少[13]的时候，我们差不多都在为别人而活，为苦口婆心的父母活，为循循善诱[14]的师长活，为许多观念、许多传统的约束[15]力而活。年岁逐增，渐渐挣脱[16]外在的限制与束缚[17]，开始懂得为自己活，照自己的方式做一些自己喜欢[18]的事，不在乎[19]别人的批评意见，不在乎别人的诋毁[20]流言，只在乎那一份随心所欲的舒坦[21]自然。偶尔，也能够纵容自己放浪一下，并且有一种恶作剧的窃喜。

就让生命顺其自然，水到渠成吧，犹如窗前的//乌桕[22]，自生自落之间，自有一份圆融丰满的喜悦。春雨轻轻落着，没有诗，没有酒，有的只是一份相知相属[23]的自在[24]自得。

夜色在笑语中渐渐沉落，朋友起身告辞，没有挽留，没有送别，甚至也没有问归期。

已经过了大喜大悲的岁月，已经过了伤感流泪的年华，知道了聚散原来是这样的自然和顺理成章，懂得这点，便懂得珍惜每一次相聚的温馨(25)，离别便也欢喜。

节选自(台湾)杏林子《朋友和其他》

语音提示

(1)朋友 péng•you
(2)即将 jíjiāng
(3)虽然 suīrán
(4)酿制 niàngzhì
(5)巷口 xiàngkǒu
(6)倒像 dàoxiàng
(7)琐事 suǒshì
(8)时候 shí•hou
(9)契合 qìhé
(10)惊骇 jīnghài
(11)颇 pō
(12)趣味 qùwèi
(13)年少 niánshào
(14)循循善诱 xúnxún-shànyòu
(15)约束 yuēshù
(16)挣脱 zhèngtuō
(17)束缚 shùfù
(18)喜欢 xǐ•huan
(19)在乎 zài•hu
(20)诋毁 dǐhuǐ
(21)舒坦 shū•tan
(22)乌桕 wūjiù
(23)相属 xiāngzhǔ
(24)自在 zìzài
(25)温馨 wēnxīn

作品 33 号

我们在田野散步：我，我的母亲，我的妻子和儿子。

母亲本不愿出来的。她老了，身体不好，走远一点儿(1)就觉得很累。我说，正因为(2)如此，才应该多走走(3)。母亲信服地点点头，便去拿外套。她现在很听我的话，就像我小时候(4)很听她的话一样。

这南方初春的田野，大块小块的新绿随意地铺着，有的浓，有的淡，树上的嫩芽也密了，田里的冬水也咕咕(5)地起着水泡。这一切都使人想着一样东西(6)——生命。

我和母亲走在前面，我的妻子和儿子走在后面。小家伙(7)突然叫起来："前面是妈妈(8)和儿子，后面也是妈妈和儿子。"我们都笑了。

后来发生了分歧：母亲要走大路，大路平顺；我的儿子要走小路，小路有意思(9)。不过，一切都取决于我。我的母亲老了，她早已习惯听从她强壮的儿子；我的儿子还小，他还习惯听从他高大的父亲；妻子呢，在外面，她总是听我的。一霎时(10)我感到了责任的重大。我想找一个两全的办法，找不出；我想拆散一家人，分成两路，各得其所，终不愿意。我决定委屈(11)儿子，因为我伴同他的时日还长。我说："走大路。"

但是母亲摸摸(12)孙儿(13)的小脑瓜儿(14)，变了主意(15)："还是走小路吧。"她的眼随小路望去：那里有金色的菜花，两行整齐的桑树，//尽头一口水波(16)粼粼(17)的鱼塘。"我走不过去的地方(18)，你就背着我。"母亲对我说。

这样，我们在阳光下，向着那菜花、桑树和鱼塘走去。到了一处，我蹲下来，背起了母亲；妻子也蹲下来，背起了儿子。我和妻子都是慢慢地，稳稳地，走得很仔细，好像我背上的同她背上的加起来，就是整个世界。

节选自莫怀戚《散步》

语音提示

(1)一点儿 yìdiǎnr
(2)因为 yīn•wèi
(3)走走 zǒu•zou
(4)时候 shí•hou
(5)咕咕 gūgū
(6)东西 dōng•xi
(7)小家伙 xiǎojiā•huo
(8)妈妈 mā•ma
(9)意思 yì•si
(10)一霎时 yíshàshí

(11)委屈 wěi•qu
(12)摸摸 mō•mo
(13)孙儿 sūn'ér
(14)脑瓜儿 nǎoguār
(15)主意 zhǔ•yi(zhú•yi)
(16)水波 shuǐbō
(17)粼粼 línlín
(18)地方 dì•fang

作品 34 号

地球上是否真的存在"无底洞"？按说地球是圆的，由地壳[(1)]、地幔[(2)]和地核三层组成，真正的"无底洞"是不应存在的，我们所看到的各种山洞、裂口、裂缝，甚至火山口也都只是地壳浅部的一种现象。然而中国一些古籍[(3)]却多次提到海外有个深奥莫测的无底洞。事实上地球上确实有这样一个"无底洞"。

它位于希腊亚各斯古城的海滨。由于濒临[(4)]大海，大涨潮[(5)]时，汹涌的海水便会排山倒海般地涌入洞中，形成一股湍湍[(6)]的急流。据测，每天流入洞内的海水量达三万多吨。奇怪的是，如此大量的海水灌入洞中，却从来没有把洞灌满。曾有人怀疑，这个"无底洞"，会不会就像石灰岩地区的漏斗、竖井、落水洞一类的地形。然而从二十世纪三十年代以来，人们就做了多种努力企图[(7)]寻找它的出口，却都是枉费心机[(8)]。

为了揭开这个秘密，一九五八年美国地理学会派出一支考察队，他们把一种经久不变的带色染料[(9)]溶解在海水中，观察染料是如何随着海水一起沉下去。接着又察看了附近海面以及岛上的各条河、湖，满怀希望地寻找这种带颜色的水，结果令人失望。难道是海水量太大把有色水稀释得太淡，以致无法发现？//

至今谁也不知道为什么[(10)]这里的海水会没完没了[(11)]地"漏"下去，这个"无底洞"的出口又在哪里，每天大量的海水究竟都流到哪里去了？

节选自罗伯特·罗威尔《神秘的“无底洞”》

语音提示

(1)地壳　dìqiào
(2)地幔　dìmàn
(3)古籍　gǔjí
(4)濒临　bīnlín
(5)涨潮　zhǎngcháo
(6)湍湍　tuāntuān
(7)企图　qǐtú
(8)枉费心机　wǎngfèi-xīnjī
(9)染料　rǎnliào
(10)为什么　wèishén·me
(11)没完没了　méiwán-méiliǎo

作品35号

我在俄国见到的景物再没有比托尔斯泰墓更宏伟、更感人的。

完全按照托尔斯泰的愿望，他的坟墓成了世间最美的，给人印象最深刻的坟墓。它只是树林中的一个小小的长方形土丘，上面开满鲜花——没有十字架，没有墓碑，没有墓志铭，连托尔斯泰这个名字(1)也没有。

这位比谁都感到受自己的声名所累(2)的伟人，却像偶尔被发现的流浪汉，不为(3)人知的士兵，不留名姓地被人埋葬了。谁都可以踏进他最后的安息地，围在四周稀疏的木栅栏(4)是不关闭的——保护列夫·托尔斯泰得以安息的没有任何别的东西(5)，唯有人们的敬意；而通常，人们却总是怀着好奇，去破坏伟人墓地的宁静。

这里，逼人的朴素禁锢(6)住任何一种观赏的闲情，并且不容许你大声说话。风儿(7)俯临(8)，在这座无名者之墓的树木之间飒飒(9)响着，和暖的阳光在坟头(10)嬉戏(11)；冬天，白雪温柔地覆盖这片幽暗的土地。无论你在夏天或冬天经过这儿(12)，你都想象不到，这个小小的、隆起的长方体里安放着一位当代最伟大的人物。

然而，恰恰是这座不留姓名的坟墓，比所有挖空心思(13)用大理石和奢华(14)装饰建造的坟墓更扣人心弦(15)。在今天这个特殊的日子里，//到他的安息地来的成百上千人中间，没有一个有勇气，哪怕仅仅从这幽暗的土丘上摘下一朵花留作纪念。人们重新(16)感到，世界上再没有比托尔斯泰最后留下的、这座纪念碑式的朴素坟墓，更打动人心的了。

节选自[奥]茨威格《世间最美的坟墓》，张厚仁译

语音提示

(1)名字　míng·zi
(2)累　lěi
(3)为　wéi
(4)栅栏　zhà·lan
(5)东西　dōng·xi
(6)禁锢　jìngù
(7)风儿　fēng·ér
(8)俯临　fǔlín
(9)飒飒　sàsà
(10)坟头　féntóu
(11)嬉戏　xīxì
(12)这儿　zhèr
(13)心思　xīn·si
(14)奢华　shēhuá
(15)心弦　xīnxián
(16)重新　chóngxīn

作品 36 号

我国的建筑，从古代的宫殿到近代的一般住房，绝大部分是对称(1)的，左边怎么样(2)，右边怎么样。苏州园林可绝不讲究对称，好像故意避免似的(3)。东边有了一个亭子或者一道回廊，西边决不会来一个同样的亭子或者一道同样的回廊。这是为什么(4)？我想，用图画来比方(5)，对称的建筑是图案画，不是美术画，而园林是美术画，美术画要求自然之趣(6)，是不讲究对称的。

苏州园林里都有假山和池沼[7]。

假山的堆叠[8]，可以说是一项艺术而不仅是技术。或者是重峦叠嶂[9]，或者是几座小山配合着竹子花木，全在乎[10]设计者和匠师们生平多阅历，胸中有丘壑[11]，才能使游览者攀登的时候忘却苏州城市，只觉得身在山间。

至于池沼，大多引用活水。有些园林池沼宽敞，就把池沼作为全园的中心，其他景物配合着布置。水面假如成河道模样[12]，往往安排桥梁。假如安排两座以上的桥梁，那就一座一个样，决不雷同。

池沼或河道的边沿很少砌齐整的石岸，总是高低屈曲[13]任其自然。还在那儿[14]布置几块玲珑的石头[15]，或者种些花草。这也是为了取得从各个角度看都成一幅[16]画的效果。池沼里养着金鱼或各色鲤鱼，夏秋季节荷花或睡莲开//放，游览者看“鱼戏莲叶间”，又是入画的一景。

节选自叶圣陶《苏州园林》

语音提示

(1)对称 duìchèn
(2)怎么样 zěn•meyàng
(3)似的 shì•de
(4)为什么 wèishén•me
(5)比方 bǐ•fang
(6)趣 qù
(7)池沼 chízhǎo
(8)堆叠 duīdié
(9)重峦叠嶂 chóngluán-diézhàng
(10)在乎 zài•hu
(11)丘壑 qiūhè
(12)模样 múyàng
(13)屈曲 qūqū
(14)那儿 nàr
(15)石头 shí•tou
(16)幅 fú

作品 37 号

一位访美中国女作家，在纽约遇到一位卖花的老太太[(1)]。老太太穿着[(2)]破旧，身体虚弱，但脸上的神情却是那样祥和兴奋[(3)]。女作家挑了一朵花说："看起来，你很高兴。"老太太面带微笑地说："是的，一切都这么[(4)]美好，我为什么[(5)]不高兴呢？""对烦恼，你倒真能看得开。"女作家又说了一句。没料到，老太太的回答更令女作家大吃一惊："耶稣在星期五被钉上[(6)]十字架时，是全世界最糟糕的一天，可三天后就是复活节。所以，当我遇到不幸时，就会等待三天，这样一切就恢复正常了。"

"等待三天"，多么[(7)]富于哲理的话语，多么乐观的生活方式。它把烦恼和痛苦抛下，全力去收获快乐。

沈从文在"文革"期间，陷入了非人的境地。可他毫不在意，他在咸宁时给他的表侄、画家黄永玉写信说："这里的荷花真好，你若来……"身陷苦难却仍[(8)]为荷花的盛开欣喜赞叹不已，这是一种趋于澄明[(9)]的境界，一种旷达[(10)]洒脱的胸襟，一种面临磨难[(11)]坦荡从容的气度，一种对生活童子般的热爱和对美好事物无限向往的生命情感。

由此可见，影响一个人快乐的，有时并不是困境及磨难，而是一个人的心态。如果把自己浸泡[(12)]在积极、乐观、向上的心态中，快乐必然会//占据你的每一天。

节选自《态度创造快乐》

语音提示

(1)老太太　lǎotài·tai
(2)穿着　chuānzhuó
(3)兴奋　xīngfèn
(4)这么　zhè·me
(5)为什么　wèishén·me
(6)钉上　dìng·shàng

(7)多么　duō•me
(8)仍　réng
(9)澄明　chéngmíng
(10)旷达　kuàngdá
(11)磨难　mónàn
(12)浸泡　jìnpào

作品 38 号

泰山极顶看日出，历来被描绘成十分壮观的奇景。有人说：登泰山而看不到日出，就像一出大戏没有戏眼，味儿(1)终究有点(2)寡淡(3)。

我去爬山那天，正赶上个难得的好天，万里长空，云彩丝儿(4)都不见。素常，烟雾腾腾的山头，显得眉目分明。同伴们都欣喜地说："明天早晨准可以看见日出了。"我也是抱着这种想头(5)，爬上山去。

一路从山脚往上爬，细看山景，我觉得挂在眼前的不是五岳独尊的泰山，却像一幅(6)规模惊人的青绿山水画，从下面倒(7)展开来。在画卷(8)中最先露出(9)的是山根儿(10)底那座明朝建筑岱宗坊(11)，慢慢地便现出王母池、斗母宫(12)、经石峪。山是一层比一层深，一叠比一叠奇，层层叠叠，不知还会有多深多奇。万山丛(13)中，时而点染着极其工细的人物。王母池旁的吕祖殿里有不少尊明塑(14)，塑着吕洞宾等一些人，姿态神情是那样有生气，你看了，不禁(15)会脱口赞叹说："活啦。"

画卷继续展开，绿阴森森的柏洞(16)露面(17)不太久，便来到对松山。两面奇峰对峙(18)着，满山峰都是奇形怪状的老松，年纪怕都有上千岁了，颜色竟那么(19)浓，浓得好像要流下来似的(20)。来到这儿(21)，你不妨(22)权当(23)一次画里的写意人物，坐在路旁的对松亭里，看看(24)山色，听听(25)流//水和松涛。

一时间，我又觉得自己不仅是在看画卷，却又像是在零零乱乱翻着一卷历史稿本。

节选自杨朔《泰山极顶》

语音提示

(1)味儿 wèir
(2)有点 yǒudiǎnr
(3)寡淡 guǎdàn
(4)云彩丝儿 yún•caisīr
(5)想头 xiǎng•tou
(6)幅 fú
(7)倒 dào
(8)画卷 huàjuàn
(9)露出 lùchū
(10)山根儿 shāngēnr
(11)岱宗坊 Dàizōngfāng
(12)斗母宫 Dǒumǔgōng
(13)丛 cóng
(14)塑 sù
(15)不禁 bùjīn
(16)柏洞 bǎidòng
(17)露面 lòumiàn
(18)对峙 duìzhì
(19)那么 nà•me
(20)似的 shì•de
(21)这儿 zhèr
(22)不妨 bùfáng
(23)权当 quándàng
(24)看看 kàn•kan
(25)听听 tīng•ting

作品 39 号

育才小学校长陶行知[1]在校园看到学生[2]王友用泥块砸自己班上的同学，陶行知当即[3]喝止[4]了他，并令他放学后到校长室[5]去。无疑，陶行知是要好好[6]教育这个“顽皮”的学生。那么[7]他是如何教育的呢？

放学后，陶行知来到校长室，王友已经等在门口准备挨训[8]了。可一见面，陶行知却掏出一块糖果送给王友，并说：“这是奖给你的，因为[9]你按时来到这里，而我却迟到了。”王友惊疑地接过[10]糖果。

随后，陶行知又掏出一块糖果放到他手里，说：“这第二块糖果也是奖给你的，因为当我不让你再打人时，你立即[11]就住手了，这说明你很尊重我，我应该奖你。”王友更惊疑了，他眼睛[12]睁得大大的。

陶行知又掏出第三块糖果塞到王友手里，说：“我调查过[13]了，你用泥块砸那些男生，是因为他们不守游戏规则，欺负[14]女生；你砸他们，说明你很正直善良，且有批评不良行为的勇气，应该奖励你啊！”王友感动极了，他流着眼泪后悔地喊道：“陶……陶校长，你打我两下吧！我砸的不是坏人，而是自己的同学啊……”

陶行知满意地笑了，他随即掏出第四块糖果递给王友，说：“为你正确地认识[15]错误，我再奖给你一块糖果，只可惜我只有这一块糖果了。我的糖果//没有了，我看我们的谈话也该结束[16]了吧！”说完，就走出了校长室。

节选自《教师博览·百期精华》中《陶行知的“四块糖果”》

语音提示

(1)陶行知　Táoxíngzhī
(2)学生　xué·sheng
(3)当即　dāngjí
(4)喝止　hèzhǐ
(5)校长室　xiàozhǎngshì
(6)好好　hǎohǎo(口语中多儿化，读 hǎohāor)
(7)那么　nà·me
(8)挨训　áixùn
(9)因为　yīn·wèi
(10)接过　jiē·guo
(11)立即　lìjí
(12)眼睛　yǎn·jing
(13)调查过　diàochá·guo
(14)欺负　qī·fu
(15)认识　rèn·shi
(16)结束　jiéshù

作品 40 号

享受幸福是需要学习的，当它即将[1]来临的时刻需要提醒。

人可以自然而然地学会感官的享乐，却无法天生地掌握幸福的韵律。灵魂的快意[2]同器官的舒适像一对孪生[3]兄弟，时而相傍相依，时而南辕北辙[4]。

幸福是一种心灵的震颤[5]。它像会倾听[6]音乐的耳朵[7]一样，需要不断地训练。

简而言之，幸福就是没有痛苦的时刻。它出现的频率[8]并不像我们想象的那样少。人们常常只是在幸福的金马车已经驶过去很远时，才拣起地上的金鬃毛[9]说，原来我见过[10]它。

人们喜爱回味幸福的标本，却忽略它披着[11]露水散发清香的时刻。那时候我们往往步履匆匆，瞻前顾后不知在忙着什么。

世上有预报台风的，有预报蝗灾的，有预报瘟疫的，有预报地震的。没有人预报幸福。

其实幸福和世界万物一样，有它的征兆。

幸福常常是朦胧的，很有节制地向我们喷洒甘霖。你不要总希望轰轰烈烈的幸福，它多半只是悄悄地扑面而来。你也不要企图把水龙头[12]拧[13]得更大，那样它会很快地流失。你需要静静地以平和之心，体验它的真谛[14]。

幸福绝大多数是朴素的。它不会像信号弹似的[15]，在很高的天际闪烁[16]红色的光芒。它披着本色的外//衣，亲切温暖地包裹起我们。

幸福不喜欢喧嚣浮华，它常常在暗淡中降临。贫困中相濡以沫[17]的一块糕饼，患难中心心相印的一个眼神，父亲一次粗糙的抚摸，女友一张温馨[18]的字条……这都是千金难买的幸福啊。像一粒粒缀在旧绸子上的红宝石，在凄凉中愈发[19]熠熠[20]夺目。

节选自毕淑敏《提醒幸福》

语音提示

(1)即将　jíjiāng
(2)快意　kuàiyì
(3)孪生　luánshēng
(4)南辕北辙　nányuán-běizhé
(5)震颤　zhènchàn
(6)倾听　qīngtīng
(7)耳朵　ěr•duo
(8)频率　pínlǜ
(9)金鬃毛　jīnzōngmáo
(10)见过　jiàn•guo
(11)披着　pī•zhe
(12)水龙头　shuǐlóngtóu
(13)拧　nǐng
(14)真谛　zhēndì
(15)似的　shì•de
(16)闪烁　shǎnshuò
(17)相濡以沫　xiāngrúyǐmò
(18)温馨　wēnxīn
(19)愈发　yùfā
(20)熠熠　yìyì

作品 41 号

在里约热内卢的一个贫民窟里，有一个男孩子，他非常喜欢(1)足球，可是又买不起，于是就踢塑料盒(2)，踢汽水瓶(3)，踢从垃圾箱里拣来的椰子壳(4)。他在胡同(5)里踢，在能找到的任何一片空地(6)上踢。

有一天，当他在一处干涸(7)的水塘里猛踢一个猪膀胱时，被一位足球教练看见了。他发现这个男孩儿(8)踢得很像是那么(9)回事，就主动提出要送给他一个足球。小男孩儿得到足球后踢得更卖劲(10)了。不久，他就能准确地把球踢进远处随意摆放的一个水桶里。

圣诞节到了，孩子的妈妈(11)说："我们没有钱买圣诞礼物送给我们的恩人，就让我们为他祈祷(12)吧。"

小男孩儿跟随妈妈祈祷完毕，向妈妈要了一把铲子便跑了出去。他来到一座别墅前的花园里，开始挖坑。

就在他快要挖好坑的时候(13)，从别墅里走出一个人来，问小孩儿在干什么[14]，孩子抬起满是汗珠的脸蛋儿[15]，说："教练，圣诞节到了，我没有礼物送给您，我愿给您的圣诞树挖一个树坑。"

教练把小男孩儿从树坑里拉上来，说，我今天得到了世界上最好的礼物。明天你就到我的训练场去吧。

三年后，这位十七岁的男孩儿在第六届足球锦标赛上独进二十一球，为巴西第一次捧回了金杯。一个原//来不为世人所知的名字[16]——贝利，随之传遍世界。

节选自刘燕敏《天才的造就》

语音提示

(1)喜欢 xǐ•huan
(2)塑料盒 sùliàohér
(3)汽水瓶 qìshuǐpíng
(4)椰子壳 yē•zikér
(5)胡同 hútòngr
(6)空地 kòngdì
(7)干涸 gānhé
(8)男孩儿 nánháir
(9)那么 nà•me
(10)卖劲 màijìnr
(11)妈妈 mā•ma
(12)祈祷 qídǎo
(13)时候 shí•hou
(14)什么 shén•me
(15)脸蛋儿 liǎndànr
(16)名字 míng•zi

作品 42 号

记得我十三岁时，和母亲住在法国东南部的耐斯城。母亲没有丈夫[1]，也没有亲戚[2]，够清苦的，但她经常能拿出令人吃惊的东西[3]，摆在我面前。她从来不吃肉，一再说自己是素食者。然而有一天，我发现母亲正仔细地用一小块[4]碎面包擦那给我煎牛排用的油锅。我明白[5]了她称自己为[6]素食者的真正原因。

我十六岁时，母亲成了耐斯市美蒙[7]旅馆的女经理。这时，她更忙碌了。一天，她瘫在椅子上，脸色苍白，嘴唇发灰。马上找来医生，做出诊断[8]：她摄取[9]了过多的胰岛素。直到这时我才知道母亲多年一直对我隐瞒[10]的疾痛[11]——糖尿病。

她的头歪向枕头[12]一边，痛苦地用手抓挠[13]胸口。床架上方，则挂着一枚我一九三二年赢得耐斯市少年乒乓球冠军的银质奖章。

啊，是对我的美好前途的憧憬[14]支撑[15]着她活下去，为了给她那荒唐的梦至少加一点[16]真实的色彩，我只能继续努力，与时间竞争，直至一九三八年我被征入空军。巴黎很快失陷，我辗转[17]调到英国皇家空军。刚到英国就接到了母亲的来信。这些信是由在瑞士的一个朋友[18]秘密地转到伦敦，送到我手中的。

现在我要回家了，胸前佩戴着醒目的绿黑两色的解放十字绶//带，上面挂着五六枚我终身难忘的勋章，肩上还佩戴着军官肩章。到达旅馆时，没有一个人跟我打招呼[19]。原来，我母亲在三年半以前就已经离开人间了。

在她死前的几天中，她写了近二百五十封信，把这些信交给她在瑞士的朋友，请这个朋友定时寄给我。就这样，在母亲死后的三年半的时间里，我一直从她身上吸取着力量和勇气——这使我能够继续战斗到胜利那一天。

节选自[法]罗曼·加里《我的母亲独一无二》

语音提示

(1)丈夫 zhàng•fu
(2)亲戚 qīn•qi
(3)东西 dōng•xi
(4)一小块 yìxiǎokuàir
(5)明白 míng•bai
(6)为 wéi
(7)美蒙 měiméng
(8)诊断 zhěnduàn
(9)摄取 shèqǔ
(10)隐瞒 yǐnmán

(11)疾痛　jítòng
(12)枕头　zhěn·tou
(13)抓挠　zhuā·nao
(14)憧憬　chōngjǐng
(15)支撑　zhīchēng
(16)一点　yìdiǎnr
(17)辗转　zhǎnzhuǎn
(18)朋友　péng·you
(19)招呼　zhāo·hu

作品 43 号

生活对于任何人都非易事，我们必须有坚韧不拔的精神。最要紧的，还是我们自己要有信心。我们必须相信，我们对每一件事情[(1)]都具有天赋的才能，并且，无论付出任何代价，都要把这件事完成。当事情结束[(2)]的时候[(3)]，你要能问心无愧地说："我已经尽我所能了。"

有一年的春天，我因病被迫在家里休息[(4)]数周。我注视着我的女儿们所养的蚕正在结茧[(5)]，这使我很感兴趣[(6)]。望着这些蚕执著[(7)]地、勤奋地工作，我感到我和它们非常相似[(8)]。像它们一样，我总是耐心地把自己的努力集中在一个目标上。我之所以如此，或许是因为[(9)]有某种力量在鞭策着我——正如蚕被鞭策着去结茧一般。

近五十年来，我致力于科学研究，而研究，就是对真理的探讨。我有许多美好快乐的记忆。少女时期我在巴黎大学，孤独地过着求学的岁月；在后来献身科学的整个时期，我丈夫[(10)]和我专心致志，像在梦幻中一般，坐在简陋的书房里艰辛地研究，后来我们就在那里发现了镭[(11)]。

我永远追求安静的工作和简单的家庭生活。为了实现这个理想，我竭力保持宁静的环境，以免受人事的干扰和盛名的拖累[(12)]。

我深信，在科学方面我们有对事业而不//是对财富的兴趣。我的唯一奢望[13]是在一个自由国家中，以一个自由学者的身份从事研究工作。

我一直沉醉于世界的优美之中，我所热爱的科学也不断增加它崭新的远景。我认定科学本身就具有伟大的美。

节选自[波兰]玛丽·居里《我的信念》，剑捷译

语音提示

(1)事情　shì·qing
(2)结束　jiéshù
(3)时候　shí·hou
(4)休息　xiū·xi
(5)结茧　jiéjiǎn
(6)兴趣　xìngqù
(7)执著　zhízhuó
(8)相似　xiāngsì
(9)因为　yīn·wèi
(10)丈夫　zhàng·fu
(11)镭　léi
(12)拖累　tuōlěi
(13)奢望　shēwàng

作品 44 号

我为什么[1]非要教书不可？是因为[2]我喜欢[3]当教师的时间安排表和生活节奏。七、八、九三个月给我提供[4]了进行回顾、研究、写作的良机，并将三者有机融合，而善于回顾、研究和总结正是优秀教师素质[5]中不可缺少的成分。

干这行给了我多种多样的“甘泉”去品尝，找优秀的书籍去研读，到“象牙塔”和实际世界里去发现。教学工作给我提供了继续学习的时间保证，以及多种途径、机遇和挑战。

然而，我爱这一行的真正原因，是爱我的学生[6]。学生们在我的眼前成长、变化。当教师意味着亲历“创造”过程的发生——恰似[7]亲手赋予[8]一团泥土以生命，没有什么比目睹它开始呼吸更激动人心的了。

权利我也有了：我有权利去启发诱导，去激发智慧的火花，去问费心思考的问题，去赞扬回答的尝试，去推荐书籍，去指点迷津[9]。还有什么别的权利能与之相比呢？

而且，教书还给我金钱和权利之外的东西[10]，那就是爱心。不仅有对学生的爱，对书籍的爱，对知识[11]的爱，还有教师才能感受到的对“特别”学生的爱。这些学生，有如冥顽不灵[12]的泥块，由于接受了老师的炽爱[13]才勃发了生机。

所以，我爱教书，还因为，在那些勃发生机的“特别”学//生身上，我有时发现自己和他们呼吸相通，忧乐与共。

节选自[美]彼得·基·贝得勒《我为什么当教师》

语音提示

(1)为什么　wèishén·me
(2)因为　yīn·wèi
(3)喜欢　xǐ·huan
(4)提供　tígōng
(5)素质　sùzhì
(6)学生　xué·sheng
(7)恰似　qiàsì
(8)赋予　fùyǔ
(9)指点迷津　zhǐdiǎn-míjīn
(10)东西　dōng·xi
(11)知识　zhī·shi
(12)冥顽不灵　míngwán-bùlíng
(13)炽爱　chìài

作品 45 号

中国西部我们通常是指黄河与秦岭相连一线[1]以西，包括西北和西南的十二个省、市、自治区。这块广袤[2]的土地面积为五百四十六万平方公里，占国土总面积的百分之五十七；人口二点八亿，占全国总人口的百分之二十三。

西部是华夏文明的源头。华夏祖先的脚步是顺着水边走的：长江上游出土过[3]元谋人牙齿化石，距今约一百七十万年；黄河中游出土过蓝田人头盖骨，距今约七十万年。这两处古人类都比距今约五十万年的北京猿人资格更老。

西部地区是华夏文明的重要发源地。秦皇汉武以后，东西方文化在这里交汇融合，从而有了丝绸之路的驼铃声声，佛院深寺的暮鼓晨钟。敦煌莫高窟是世界文化史上的一个奇迹，它在继承汉晋艺术传统的基础上，形成了自己兼收并蓄的恢宏[4]气度，展现出精美绝伦的艺术形式和博大精深的文化内涵。秦始皇兵马俑、西夏王陵、楼兰古国、布达拉宫、三星堆、大足石刻等历史文化遗产，同样为[5]世界所瞩目[6]，成为中华文化重要的象征。

西部地区又是少数民族及其文化的集萃地[7]，几乎[8]包括了我国所有的少数民族。在一些偏远的少数民族地区，仍[9]保留//了一些久远时代的艺术品种，成为珍贵的"活化石"，如纳西古乐、戏曲、剪纸、刺绣、岩画等民间艺术和宗教艺术。特色鲜明、丰富多彩，犹如一个巨大的民族民间文化艺术宝库。

我们要充分[10]重视和利用这些得天独厚的资源优势，建立良好的民族民间文化生态环境，为西部大开发做出贡献。

节选自《中考语文课外阅读试题精选》中《西部文化和西部开发》

语音提示

(1)一线　yíxiàn
(2)广袤　guǎngmào
(3)出土过　chūtǔ•guo
(4)恢宏　huīhóng
(5)为　wéi
(6)瞩目　zhǔmù
(7)集萃地　jícuìdì
(8)几乎　jīhū
(9)仍　réng
(10)充分　chōngfèn

作品 46 号

高兴，这是一种具体的被看得到摸得着[1]的事物所唤起的情绪。它是心理的，更是生理的。它容易来也容易去，谁也不应该对它视而不见失之交臂[2]，谁也不应该总是做那些使自己不高兴也使旁人不高兴的事。让我们说一件最容易做也最令人高兴的事吧，尊重你自己，也尊重别人，这是每一个人的权利，我还要说这是每一个人的义务。

快乐，它是一种富有概括性的生存状态、工作状态。它几乎[3]是先验的，它来自生命本身的活力，来自宇宙、地球和人间的吸引，它是世界的丰富、绚丽[4]、阔大、悠久的体现。快乐还是一种力量，是埋在地下的根脉。消灭一个人的快乐比挖掘掉一棵大树的根要难得多。

欢欣，这是一种青春的、诗意的情感。它来自面向着未来伸开双臂奔跑的冲力，它来自一种轻松而又神秘、朦胧而又隐秘的激动，它是激情即将[5]到来的预兆，它又是大雨过后的比下雨还要美妙得多也久远得多的回味……

喜悦，它是一种带有形而上[6]色彩的修养和境界。与其说它是一种情绪，不如说它是一种智慧、一种超拔、一种悲天悯人[7]的宽容和理解，一种饱经沧桑的充实和自信，一种光明的理性，一种坚定//的成熟[8]，一种战胜了烦恼和庸俗的清明澄澈[9]。它是一潭清水，它是一抹朝霞[10]，它是无边的平原，它是沉默的地平线。多一点儿、再多一点儿喜悦吧，它是翅膀，也是归巢[11]。它是一杯美酒，也是一朵永远开不败的莲花。

节选自王蒙《喜悦》

语音提示

(1)摸得着　mō•dezháo
(2)失之交臂　shīzhījiāobì
(3)几乎　jīhū
(4)绚丽　xuànlì
(5)即将　jíjiāng
(6)形而上　xíng'érshàng
(7)悲天悯人　bēitiān-mǐnrén
(8)成熟　chéngshú
(9)澄澈　chéngchè
(10)朝霞　zhāoxiá
(11)归巢　guīcháo

作品 47 号

在湾仔[1]，香港最热闹[2]的地方[3]，有一棵榕树，它是最贵的一棵树，不光在香港，在全世界，都是最贵的。

树，活的树，又不卖何言其贵？只因它老，它粗，是香港百年沧桑的活见证，香港人不忍看着它被砍伐，或者被移走，便跟要占用这片山坡的建筑者谈条件：可以在这儿[4]建大楼盖商厦，但一不准砍树，二不准挪树，必须把它原地精心养起来，成为香港闹市中的一景。太古大厦的建设者最后签了合同[5]，占用这个大山坡建豪华商厦的先决条件是同意保护这棵老树。

树长在半山坡上，计划将树下面的成千上万吨山石全部掏空取走，腾出地方来盖楼，把树架在大楼上面，仿佛[6]它原本是长在楼顶上似的[7]。建设者就地[8]造了一个直径十八米、深十米的大花盆，先固定好这棵老树，再在大花盆底下盖楼。光这一项就花了两千三百八十九万港币，堪称[9]是最昂贵的保护措施了。

太古大厦落成之后，人们可以乘滚动扶梯一次到位，来到太古大厦的顶层，出后门，那儿[10]是一片自然景色。一棵大树出现在人们面前，树干有一米半粗，树冠[11]直径足有二十多米，独木成林，非常壮观，形成一座以它为中心的小公园，取名叫“榕圃[12]”。树前面//插着铜牌，说明原由。此情此景，如不看铜牌的说明，绝对想不到巨树根底下还有一座宏伟的现代大楼。

节选自舒乙《香港：最贵的一棵树》

语音提示

(1)湾仔	Wānzǎi	(7)似的	shì•de
(2)热闹	rè•nao	(8)就地	jiùdì
(3)地方	dì•fang	(9)堪称	kānchēng
(4)这儿	zhèr	(10)那儿	nàr
(5)合同	hé•tong	(11)树冠	shùguān
(6)仿佛	fǎngfú	(12)榕圃	róngpǔ

作品 48 号

我们的船渐渐地逼近榕树了。我有机会看清它的真面目：是一棵大树，有数不清的丫枝[1]，枝上又生根，有许多根一直垂到地上，伸进泥土里。一部分树枝垂到水面，从远处看，就像一棵大树斜躺在水面上一样。

现在正是枝繁叶茂的时节。这棵榕树好像在把它的全部生命力展示给我们看。那么[2]多的绿叶，一簇[3]堆在另一簇的上面，不留一点儿[4]缝隙[5]。翠绿的颜色明亮地在我们的眼前闪耀，似乎[6]每一片树叶上都有一个新的生命在颤动，这美丽的南国的树！

船在树下泊[7]了片刻，岸上很湿，我们没有上去。朋友[8]说这里是“鸟的天堂”，有许多鸟在这棵树上做窝，农民不许人去捉它们。我仿佛[9]听见几只鸟扑翅的声音，但是等到我的眼睛[10]注意地看那里时，我却看不见一只鸟的影子。只有无数的树根立在地上，像许多根木桩。地是湿的，大概涨潮[11]时河水常常冲上岸去。“鸟的天堂”里没有一只鸟，我这样想到。船开了，一个朋友拨着船，缓缓地流到河中间去。

第二天，我们划[12]着船到一个朋友的家乡去，就是那个有山有塔的地方[13]。从学校出发，我们又经过那“鸟的天堂”。

这一次是在早晨，阳光照在水面上，也照在树梢[14]上。一切都//显得非常光明。我们的船也在树下泊了片刻。

起初四周围非常清静。后来忽然起了一声鸟叫。我们把手一拍，便看见一只大鸟飞了起来，接着又看见第二只，第三只。我们继续拍掌，很快地这个树林就变得很热闹[15]了。到处都是鸟声，到处都是鸟影。大的，小的，花的，黑的，有的站在枝上叫，有的飞起来，在扑翅膀。

节选自巴金《小鸟的天堂》

语音提示

(1)丫枝　yāzhī
(2)那么　nà·me
(3)簇　cù
(4)一点儿　yìdiǎnr
(5)缝隙　fèngxì
(6)似乎　sìhū
(7)泊　bó
(8)朋友　péng·you
(9)仿佛　fǎngfú
(10)眼睛　yǎn·jing
(11)涨潮　zhǎngcháo
(12)划　huá
(13)地方　dì·fang
(14)树梢　shùshāo
(15)热闹　rè·nao

作品 49 号

有这样一个故事[1]。

有人问：世界上什么[2]东西[3]的气力最大？回答纷纭得很，有的说“象”，有的说“狮”，有人开玩笑似的[4]说：是“金刚”，金刚有多少气力，当然大家全不知道。

结果[5]，这一切答案完全不对，世界上气力最大的，是植物的种子。一粒种子所可以显现出来的力，简直是超越一切。

人的头盖骨，结合得非常致密与坚固，生理学家和解剖[6]学者用尽了一切的方法，要把它完整地分出来，都没有这种力气[7]。后来忽然有人发明了一个方法，就是把一些植物的种子放在要剖析[8]的头盖骨里，给它以温度与湿度，使它发芽。一发芽，这些种子便以可怕的力量，将一切机械力[9]所不能分开的骨骼，完整地分开了。植物种子的力量之大，如此如此。

这，也许特殊了一点儿[10]，常人不容易理解。那么[11]，你看见过[12]笋的成长吗？你看见过被压在瓦砾[13]和石块下面的一棵小草的生长吗？它为着向往阳光，为着达成它的生之意志，不管上面的石块如何重，石与石之间如何狭，它必定要曲曲折折[14]地，但是顽强不屈地透到地面上来。它的根往土壤钻[15]，它的芽往地面挺，这是一种不可抗拒的力，阻止它的石块，结果也被它掀翻，一粒种子的力量之大，如//此如此。

没有一个人将小草叫做“大力士”，但是它的力量之大，的确[16]是世界无比。这种力是一般人看不见的生命力。只要生命存在，这种力就要显现。上面的石块，丝毫不足以阻挡。因为[17]它是一种“长期抗战”的力；有弹性，能屈能伸的力；有韧性，不达目的不止的力。

节选自夏衍《野草》

语音提示

(1)故事　gù·shi

(2)什么　shén·me

(3)东西　dōng·xi

(4)似的　shì·de

(5)结果　jiéguǒ

(6)解剖　jiěpōu

(7)力气　lì·qi

(8)剖析　pōuxī

(9)机械力　jīxièlì

(10)一点儿　yìdiǎnr

(11)那么 nà•me

(12)看见过 kàn•jiàn•guo

(13)瓦砾 wǎlì

(14)曲曲折折 qūqū-zhézhé

(15)钻 zuān

(16)的确 díquè

(17)因为 yīn•wèi

作品 50 号

著名教育家班杰明曾经接到一个青年人的求救电话，并与那个向往成功、渴望指点的青年人约好了见面的时间和地点。

待那个青年如约而至时，班杰明的房门敞开着，眼前的景象却令青年人颇(1)感意外——班杰明的房间里乱七八糟、狼藉(2)一片。

没等青年人开口，班杰明就招呼(3)道："你看我这房间，太不整洁了，请你在门外等候一分钟，我收拾(4)一下，你再进来吧。"一边说着，班杰明就轻轻地关上了房门。

不到一分钟的时间，班杰明就又打开了房门并热情地把青年人让进客厅。这时，青年人的眼前展现出另一番景象——房间内的一切已变得井然有序，而且有两杯刚刚倒好的红酒，在淡淡的香水气息里还漾着(5)微波(6)。

可是，没等青年人把满腹(7)的有关人生和事业的疑难问题向班杰明讲出来，班杰明就非常客气(8)地说道："干杯。你可以走了。"

青年人手持酒杯一下子愣住了，既尴尬(9)又非常遗憾地说："可是，我……我还没向您请教呢……"

"这些……难道还不够吗？"班杰明一边微笑着，一边扫视着自己的房间，轻言细语地说，"你进来又有一分钟了。"

"一分钟……一分钟……"青年人若有所思地说："我懂了，

您让我明白[10]了一分钟的时间可以做许//多事情[11]，可以改变许多事情的深刻道理。”

班杰明舒心地笑了。青年人把杯里的红酒一饮而尽，向班杰明连连道谢后，开心地走了。

其实，只要把握好生命的每一分钟，也就把握了理想的人生。

节选自纪广洋《一分钟》

语音提示

(1)颇　pō
(2)狼藉　lángjí
(3)招呼　zhāo•hu
(4)收拾　shōu•shi
(5)漾着　yàng•zhe
(6)微波　wēibō
(7)满腹　mǎnfù
(8)客气　kè•qi
(9)尴尬　gāngà
(10)明白　míng•bai
(11)事情　shì•qing

作品 51 号

有个塌鼻子的小男孩儿[1]，因为[2]两岁时得过[3]脑炎，智力受损，学习起来很吃力。打个比方[4]，别人写作文能写二三百字，他却只能写三五行。但即便[5]这样的作文，他同样能写得很动人。

那是一次作文课，题目是《愿望》。他极其认真地想了半天，然后极认真地写，那作文极短。只有三句话：我有两个愿望，第一个是，妈妈[6]天天笑眯眯地看着我说：“你真聪明。”第二个是，老师天天笑眯眯地看着我说：“你一点儿[7]也不笨。”

于是，就是这篇作文，深深地打动了他的老师，那位妈妈式的老师不仅给了他最高分，在班上带感情地朗读了这篇作文，还一笔一画地批道：你很聪明，你的作文写得非常感人，请放心，妈妈肯定会格外喜欢[8]你的，老师肯定会格外喜欢你的，大家肯定会格外喜欢你的。

捧着作文本，他笑了，蹦蹦跳跳地回家了，像只喜鹊。但他并没有把作文本拿给妈妈看，他是在等待，等待着一个美好的时刻。

那个时刻终于到了，是妈妈的生日——一个阳光灿烂的星期天：那天，他起得特别早，把作文本装在一个亲手做的美丽的大信封里，等着妈妈醒来。妈妈刚刚睁眼醒来，他就笑眯眯地走到妈妈跟前说："妈妈，今天是您的生日，我要//送给您一件礼物。"

果然，看着这篇作文，妈妈甜甜地涌出了两行热泪，一把搂住小男孩儿，搂得很紧很紧。

是的，智力可以受损，但爱永远不会。

节选自张玉庭《一个美丽的故事》

语音提示

(1)小男孩儿 xiǎonánháir
(2)因为 yīn•wèi
(3)得过 dé•guo
(4)比方 bǐ•fang
(5)即便 jíbiàn
(6)妈妈 mā•ma
(7)一点儿 yìdiǎnr
(8)喜欢 xǐ•huan

作品 52 号

小学的时候[1]，有一次我们去海边远足，妈妈[2]没有做便饭，给了我十块钱买午餐。好像走了很久，很久，终于到海边了，大家坐下来便吃饭，荒凉的海边没有商店，我一个人跑到防风林外面去，级任[3]老师要大家把吃剩的饭菜分给我一点儿[4]。有两三个男生留下一点儿给我，还有一个女生，她的米饭拌了酱油，很香。我吃完的时候，她笑眯眯地看着我，短头发，脸圆圆的。

她的名字[5]叫翁香玉。

每天放学的时候，她走的是经过我们家的一条小路，带着一位比她小的男孩儿[6]，可能是弟弟[7]。小路边是一条清澈[8]见底的小溪，两旁竹阴覆盖，我总是远远地跟在她后面，夏日的午后特别炎热，走到半路她会停下来，拿手帕[9]在溪水里浸湿[10]，为小男孩儿擦脸。我也在后面停下来，把肮脏[11]的手帕弄[12]湿了擦脸，再一路远远跟着她回家。

后来我们家搬到镇上去了，过几年我也上了中学。有一天放学回家，在火车上，看见斜对面一位短头发[13]、圆圆脸的女孩儿[14]，一身素净[15]的白衣黑裙。我想她一定不认识[16]我了。火车很快到站了，我随着人群挤向门口，她也走近了，叫我的名字。这是她第一次和我说话。

她笑眯眯的，和我一起走过月台。以后就没有再见过[17] // 她了。

这篇文章收在我出版的《少年心事》这本书里。

书出版后半年，有一天我忽然收到出版社转来的一封信，信封上是陌生[18]的字迹，但清楚[19]地写着我的本名。

信里面说她看到了这篇文章心里非常激动，没想到在离开家乡，漂泊[20]异地这么[21]久之后，会看见自己仍然[22]在一个人的记忆里，她自己也深深记得这其中的每一幕，只是没想到越过遥远的时空，竟然另一个人也深深记得。

节选自苦伶《永远的记忆》

语音提示

(1)时候　shí•hou　　(2)妈妈　mā•ma

(3)级任 jírèn
(4)一点儿 yìdiǎnr
(5)名字 míng•zi
(6)男孩儿 nánháir
(7)弟弟 dì•di
(8)清澈 qīngchè
(9)手帕 shǒupà
(10)浸湿 jìnshī
(11)肮脏 āngzāng
(12)弄 nòng
(13)头发 tóu•fa
(14)女孩儿 nǚháir
(15)素净 sù•jing
(16)认识 rèn•shi
(17)见过 jiàn•guo
(18)陌生 mòshēng
(19)清楚 qīng•chu
(20)漂泊 piāobó
(21)这么 zhè•me
(22)仍然 réngrán

作品 53 号

在繁华的巴黎大街的路旁，站着一个衣衫褴褛(1)、头发(2)斑白、双目失明的老人。他不像其他乞丐(3)那样伸手向过路行人乞讨，而是在身旁立一块木牌，上面写着："我什么(4)也看不见！"街上过往的行人很多，看了木牌上的字都无动于衷，有的还淡淡一笑，便姗姗(5)而去了。

这天中午，法国著名诗人让·彼浩勒也经过这里。他看看(6)木牌上的字，问盲老人："老人家，今天上午有人给你钱吗？"

盲老人叹息着回答："我，我什么也没有得到。"说着，脸上的神情非常悲伤。

让·彼浩勒听了，拿起笔悄悄地在那行字的前面添(7)上了"春天到了，可是"几个字，就匆匆地离开了。

晚上(8)，让·彼浩勒又经过这里，问那个盲老人下午的情况。盲老人笑着回答说："先生(9)，不知为什么，下午给我钱的人多极了！"让·彼浩勒听了，摸着胡子满意地笑了。

“春天到了，可是我什么也看不见！”这富有诗意的语言，产生这么[10]大的作用，就在于它有非常浓厚的感情色彩。是的，春天是美好的，那蓝天白云，那绿树红花，那莺歌燕舞，那流水人家，怎么[11]不叫人陶醉呢？但这良辰美景，对于一个双目失明的人来说，只是一片漆黑。当人们想到这个盲老人，一生中竟连万紫千红的春天//都不曾看到，怎能不对他产生同情之心呢？

节选自小学《语文》第六册中《语言的魅力》

语音提示

(1)褴褛　lánlǚ
(2)头发　tóu·fa
(3)乞丐　qǐgài
(4)什么　shén·me
(5)姗姗　shānshān
(6)看看　kàn·kan
(7)添　tiān
(8)晚上　wǎn·shang
(9)先生　xiān·sheng
(10)这么　zhè·me
(11)怎么　zěn·me

作品 54 号

有一次，苏东坡的朋友[1]张鹗[2]拿着一张宣纸[3]来求他写一幅[4]字，而且希望他写一点儿[5]关于养生方面的内容。苏东坡思索了一会儿[6]，点点头说：“我得到了一个养生长寿古方，药只有四味，今天就赠给你吧。”于是，东坡的狼毫在纸上挥洒起来，上面写着：“一曰无事以当[7]贵，二曰早寝[8]以当[9]富，三曰安步以当[10]车，四曰晚食以当[11]肉。”

这哪里有药？张鹗一脸茫然地问。苏东坡笑着解释说，养生长寿的要诀[12]，全在这四句里面。

所谓“无事以当贵”，是指人不要把功名利禄、荣辱过失考虑得太多，如能在情志上潇洒大度，随遇而安，无事以求，这比富贵更能使人终其天年。

“早寝以当富”，指吃好穿好、财货充足，并非就能使你长寿。对老年人来说，养成良好的起居习惯，尤其是早睡早起，比获得任何财富更加宝贵。

“安步以当车”，指人不要过于讲求安逸、肢体不劳，而应多以步行来替代骑马乘车[13]，多运动才可以强健体魄，通畅气血[14]。

“晚食以当肉”，意思是人应该用已饥方食[15]、未饱先止代替对美味佳肴[16]的贪吃无厌。他进一步解释，饿了以后才进食，虽然[17]是粗茶淡饭，但其香甜可口会胜过山珍；如果饱了还要勉强[18]吃，即使[19]美味佳肴摆在眼前也难以//下咽。

苏东坡的四味“长寿药”，实际上是强调了情志、睡眠、运动、饮食四个方面对养生长寿的重要性，这种养生观点即使在今天仍然[20]值得借鉴。

节选自蒲昭和《赠你四味长寿药》

语音提示

(1)朋友　péng·you
(2)张鹗　Zhāng È
(3)宣纸　xuānzhǐ
(4)幅　fú
(5)一点儿　yìdiǎnr
(6)一会儿　yíhuìr
(口语中也读 yìhuǐr)
(7)当　dàng
(8)寝　qǐn
(9)当　dàng
(10)当　dàng
(11)当　dàng
(12)要诀　yàojué
(13)乘车　chéng chē
(14)气血　qìxuè
(15)已饥方食　yǐ jī fāng shí
(16)佳肴　jiāyáo
(17)虽然　suīrán
(18)勉强　miǎnqiǎng
(19)即使　jíshǐ
(20)仍然　réngrán

作品 55 号

人活着，最要紧的是寻觅[1]到那片代表着生命绿色和人类希望的丛林[2]，然后选一高高的枝头站在那里观览人生，消化痛苦，孕育歌声，愉悦世界！

这可真是一种潇洒的人生态度，这可真是一种心境爽朗的情感风貌。

站在历史的枝头微笑，可以减免许多烦恼。在那里，你可以从众生相[3]所包含的甜酸苦辣、百味人生中寻找你自己；你境遇中的那点儿[4]苦痛，也许相比之下，再也难以占据一席之地；你会较[5]容易地获得从不悦中解脱灵魂的力量，使之不致变得灰色。

人站得高些，不但能有幸早些领略到希望的曙光，还能有幸发现生命的立体的诗篇。每一个人的人生，都是这诗篇中的一个词、一个句子或者一个标点。你可能没有成为一个美丽的词，一个引人注目的句子，一个惊叹号，但你依然是这生命的立体诗篇中的一个音节、一个停顿、一个必不可少的组成部分[6]。这足以使你放弃前嫌[7]，萌生为人类孕育新的歌声的兴致，为世界带来更多的诗意。

最可怕的人生见解，是把多维的生存图景看成平面。因为[8]那平面上刻下的大多是凝固了的历史——过去的遗迹[9]；但活着的人们，活得却是充满着新生智慧的，由//不断逝去的“现在”组成的未来。人生不能像某些鱼类躺着游，人生也不能像某些兽类爬着走，而应该站着向前行，这才是人类应有的生存姿态。

节选自[美]本杰明·拉什《站在历史的枝头微笑》

语音提示

(1)寻觅　xúnmì
(2)丛林　cónglín
(3)众生相　zhòngshēngxiàng
(4)点儿　diǎnr
(5)较　jiào
(6)部分　bù·fen
(7)前嫌　qiánxián
(8)因为　yīn·wèi
(9)遗迹　yíjì

作品 56 号

中国的第一大岛、台湾省的主岛台湾，位于中国大陆架的东南方，地处[1]东海和南海之间，隔着台湾海峡和大陆相望。天气晴朗的时候[2]，站在福建沿海较[3]高的地方[4]，就可以隐隐约约地望见岛上的高山和云朵。

台湾岛形状狭长，从东到西，最宽处只有一百四十多公里；由南至北，最长的地方约有三百九十多公里。地形像一个纺织用的梭子[5]。

台湾岛上的山脉纵贯南北，中间的中央山脉犹如全岛的脊梁[6]。西部为[7]海拔近四千米的玉山山脉，是中国东部的最高峰。全岛约有三分之一的地方是平地，其余为山地。岛内有缎带般的瀑布，蓝宝石似的[8]湖泊[9]，四季常青的森林和果园，自然景色十分优美。西南部的阿里山和日月潭，台北市郊的大屯山风景区，都是闻名世界的游览胜地。

台湾岛地处热带和温带之间，四面环海，雨水充足，气温受到海洋的调剂[10]，冬暖夏凉，四季如春，这给水稻和果木生长提供[11]了优越的条件。水稻、甘蔗[12]、樟脑是台湾的“三宝”。岛上还盛产鲜果和鱼虾。

台湾岛还是一个闻名世界的“蝴蝶王国”。岛上的蝴蝶共有四百多个品种，其中有不少是世界稀有的珍贵品种。岛上还有不少鸟语花香的蝴//蝶谷，岛上居民利用蝴蝶制作的标本和艺术品，远销许多国家。

节选自《中国的宝岛——台湾》

语音提示

(1)处　chǔ
(2)时候　shí•hou
(3)较　jiào
(4)地方　dì•fang
(5)梭子　suō•zi
(6)脊梁　jǐ•liang
(7)为　wéi
(8)似的　shì•de
(9)湖泊　húpō
(10)调剂　tiáojì
(11)提供　tígōng
(12)甘蔗　gān•zhe

作品 57 号

对于中国的牛，我有着一种特别尊敬的感情。

留给我印象最深的，要算在田垄[(1)]上的一次“相遇”。

一群朋友[(2)]郊游，我领头在狭窄的阡陌[(3)]上走，怎料迎面来了几头耕牛，狭道容不下人和牛，终有一方要让路。它们还没有走近，我们已经预计斗不过畜牲[(4)]，恐怕难免踩到田地泥水里，弄[(5)]得鞋袜又泥又湿了。正踟蹰[(6)]的时候[(7)]，带头的一头牛，在离我们不远的地方[(8)]停下来，抬起头看看[(9)]，稍迟疑一下，就自动走下田去。一队耕牛，全跟着它离开阡陌，从我们身边经过。

我们都呆了，回过头来，看着深褐色的牛队，在路的尽头消失，忽然觉得自己受了很大的恩惠。

中国的牛，永远沉默地为人做着沉重的工作。在大地上，在晨光或烈日下，它拖着沉重的犁，低头一步又一步，拖出了身后一列又一列松土，好让人们下种[(10)]。等到满地金黄或农闲时候，它可能还得担当搬运负重的工作；或终日绕着石磨，朝同一方向，走不计程的路。

在它沉默的劳动中，人便得到应得的收成[11]。

那时候，也许，它可以松一肩重担[12]，站在树下，吃几口嫩草。偶尔摇摇[13]尾巴[14]，摆摆[15]耳朵[16]，赶走飞附[17]身上的苍蝇[18]，已经算是它最闲适的生活了。

中国的牛，没有成群奔跑的习//惯，永远沉沉实实地，默默地工作，平心静气。这就是中国的牛！

节选自小思《中国的牛》

语音提示

(1)田垄　tiánlǒng
(2)朋友　péng•you
(3)阡陌　qiānmò
(4)畜牲　chù•sheng
(5)弄　nòng
(6)踟蹰　chíchú
(7)时候　shí•hou
(8)地方　dì•fang
(9)看看　kàn•kan
(10)下种　xiàzhǒng
(11)收成　shōu•cheng
(12)重担　zhòngdàn
(13)摇摇　yáo•yao
(14)尾巴　wěi•ba
(15)摆摆　bǎi•bai
(16)耳朵　ěr•duo
(17)附　fù
(18)苍蝇　cāng•ying

作品 58 号

不管我的梦想能否成为[1]事实，说出来总是好玩儿[2]的：

春天，我将要住在杭州。二十年前，旧历的二月初，在西湖我看见了嫩柳与菜花[3]，碧浪与翠竹。由我看到的那点儿[4]春光，已经可以断定，杭州的春天必定会教[5]人整天生活在诗与图画之中。所以，春天我的家应当是在杭州。

夏天，我想青城山应当算作最理想的地方[6]。在那里，我虽然[7]只住过十天，可是它的幽静已拴住了我的心灵。在我所看见过[8]的山水中，只有这里没有使我失望。到处都是绿，目之所及，那片淡而光润的绿色都在轻轻地颤动，仿佛[9]要流入空中与心中似的[10]。这个绿色会像音乐，涤[11]清了心中的万虑。

秋天一定要住北平。天堂是什么[12]样子，我不知道，但是从我的生活经验去判断，北平之秋便是天堂。论天气，不冷不热。论吃的，苹果、梨、柿子、枣儿[13]、葡萄，每样都有若干种。论花草，菊花种类之多，花式之奇，可以甲天下。西山有红叶可见，北海可以划船——虽然荷花已残，荷叶可还有一片清香。衣食住行，在北平的秋天，是没有一项不使人满意的。

冬天，我还没有打好主意[14]，成都或者相当的合适，虽然并不怎样和暖[15]，可是为了水仙，素心腊梅，各色的茶花，仿佛就受一点儿寒//冷，也颇值得去了。昆明的花也多，而且天气比成都好，可是旧书铺与精美而便宜[16]的小吃远不及成都那么[17]多。好吧，就暂[18]这么[19]规定：冬天不住成都便住昆明吧。

在抗战中，我没能发国难财。我想，抗战胜利以后，我必能阔起来。那时候[20]，假若飞机减价，一二百元就能买一架的话，我就自备一架，择黄道吉日慢慢地飞行。

节选自老舍《住的梦》

语音提示

(1)成为　chéngwéi
(2)好玩儿　hǎowánr
(3)菜花　càihuā(càihuār)
(4)点儿　diǎnr
(5)教　jiào
(6)地方　dì•fang
(7)虽然　suīrán
(8)看见过　kàn•jiàn•guo
(9)仿佛　fǎngfú
(10)似的　shì•de

(11)涤　dí
(12)什么　shén·me
(13)枣儿　zǎor
(14)主意　zhǔ·yi(zhú·yi)
(15)和暖　hénuǎn
(16)便宜　pián·yi
(17)那么　nà·me
(18)暂　zàn
(19)这么　zhè·me
(20)时候　shí·hou

作品 59 号

我不由得停住了脚步。

从未见过[1]开得这样盛的藤萝[2]，只见一片辉煌的淡紫色，像一条瀑布，从空中垂下，不见其发端，也不见其终极，只是深深浅浅的紫，仿佛[3]在流动，在欢笑，在不停地生长。紫色的大条幅[4]上，泛着点点银光，就像迸溅[5]的水花。仔细看时，才知那是每一朵紫花中的最浅淡的部分[6]，在和阳光互相挑逗。

这里除了光彩，还有淡淡的芳香。香气似乎[7]也是浅紫色的，梦幻一般轻轻地笼罩着我。忽然记起十多年前，家门外也曾有过[8]一大株紫藤萝，它依傍[9]一株枯槐爬得很高，但花朵从来都稀落，东一穗西一串伶仃[10]地挂在树梢，好像在察言观色，试探什么[11]。后来索性连那稀零的花串也没有了。园中别的紫藤花架也都拆掉，改种了果树。那时的说法是，花和生活腐化有什么必然关系[12]。我曾遗憾地想：这里再看不见藤萝花了。

过了这么[13]多年，藤萝又开花了，而且开得这样盛，这样密，紫色的瀑布遮住了粗壮的盘虬[14]卧龙般的枝干，不断地流着，流着，流向人的心底。

花和人都会遇到各种各样的不幸，但是生命的长河是无止境的。我抚摸[15]了一下那小小的紫色的花舱，那里满装了生命的酒酿[16]，它张满了帆，在这//闪光的花的河流上航行。它是万花中的一朵，也正是由每一个一朵，组成了万花灿烂的流动的瀑布。

在这浅紫色的光辉和浅紫色的芳香中，我不觉加快了脚步。

节选自宗璞《紫藤萝瀑布》

语音提示

(1)见过 jiàn•guo
(2)藤萝 téngluó
(3)仿佛 fǎngfú
(4)条幅 tiáofú
(5)迸溅 bèngjiàn
(6)部分 bù•fen
(7)似乎 sìhū
(8)有过 yǒu•guo
(9)依傍 yībàng
(10)伶仃 língdīng
(11)什么 shén•me
(12)关系 guān•xi
(13)这么 zhè•me
(14)盘虬 pánqiú
(15)抚摸 fǔmō
(16)酒酿 jiǔniàng

作品 60 号

在一次名人访问中，被问及上个世纪最重要的发明是什么[1]时，有人说是电脑，有人说是汽车，等等。但新加坡的一位知名人士却说是冷气机。他解释，如果没有冷气，热带地区如东南亚国家，就不可能有很高的生产力，就不可能达到今天的生活水准。他的回答实事求是，有理有据。

看了上述报道，我突发奇想：为什么没有记者问："二十世纪最糟糕的发明是什么?"其实二〇〇二年十月中旬，英国的一家报纸就评出了"人类最糟糕的发明"。获此"殊荣"的，就是人们每天大量使用的塑料[2]袋。

诞生于上个世纪三十年代的塑料袋，其家族包括用塑料制成的快餐饭盒[3]、包装纸、餐用杯盘、饮料瓶[4]、酸奶杯、雪糕杯等等。这些废弃物形成的垃圾[5]，数量多、体积大、重量轻、不降解[6]，给治理工作带来很多技术难题和社会问题。

比如，散落在田间、路边及草丛[7]中的塑料餐盒，一旦被牲畜[8]吞食，就会危及健康甚至导致死亡。填埋废弃塑料袋、塑料餐盒的土地，不能生长庄稼[9]和树木，造成土地板结[10]，而焚烧[11]处理[12]这些塑料垃圾，则会释放出多种化学有毒气体，其中一种称为[13]二噁英[14]的化合物，毒性极大。

此外，在生产塑料袋、塑料餐盒的//过程中使用的氟利昂[15]，对人体免疫系统和生态环境造成的破坏也极为严重。

节选自林光如《最糟糕的发明》

语音提示

(1)什么 shén•me
(2)塑料 sùliào
(3)饭盒 fànhé(fànhér)
(4)饮料瓶 yǐnliàopíng (yǐnliào píngr)
(5)垃圾 lājī
(6)降解 jiàngjiě
(7)草丛 cǎocóng
(8)牲畜 shēngchù
(9)庄稼 zhuāng•jia
(10)板结 bǎnjié
(11)焚烧 fénshāo
(12)处理 chǔlǐ
(13)称为 chēngwéi
(14)二噁英 èr'èyīng
(15)氟利昂 fúlì'áng

四、“命题说话”指导

本题限时 3 分钟，共 40 分。

1. 测试的目的和要求

目的：测查应试人在无文字凭借的情况下说普通话的水平，重点测查语音标准程度、词汇语法规范程度和自然流畅程度。

要求：

(1)说话话题从《普通话水平测试用话题》中选取，由应试人从给定的两个话题中选定 1 个话题，连续说一段话。

(2)能按照日常口语的语音、语调来说话，不要带着朗诵或背诵的腔调。

(3)应试人单向说话，围绕给定的话题连续说话 3 分钟。

2. 命题说话指导

(1)审阅题目并进行构思

命题说话的题目共有 30 个，应试者考前可将话题合并归类。30 个话题大致可以归纳成 3 大类型：① 叙述类；② 说明类；③ 议论类。按照题目的类型特点，针对每一类话题准备说话的素材。根据叙述类、说明类和议论类的语体类别，首先考虑内容的框架。选择材料、列出说话的提纲，围绕题目选择那些亲身经历、自己熟悉的实例和素材来表述。再考虑一下这些内容有哪几个部分、说话的顺序，每一个部分还可以从哪些角度展开详细论述。

(2)语音要标准

说话属于口语范畴，和标准的书面语是有一些差异的。说话时既要表达流畅更要语音标准，力求规范，避免方音。平时说话交谈时只要内容听懂了，就不会影响交流。测试时没有文字凭借，边想边说，更接近平时的语音状况，应试人的语音错误和缺陷也就更容易暴露出来，生活中对交流影响不大的平翘舌音、前后鼻音、鼻边音混淆以及其他一些语音问题就显得比较突出了。我们在平时尽可能用普通话与他人进行交谈，多听广播电视中的标准语音，借以对比正确语音、提高读音水平，努力减少地方口音的影响。

(3)词汇、语法要规范

说话时的词汇、语法同样要注意规范、标准。我们可以通过看书读报，看电视、听收音机中的新闻播音员的播报，与普通话水平比较高的人交谈等方式进行学习。克服用方言词汇、语法表达的习惯，不随意使用网络语言和外来词汇。

(4)表达自然流畅

测试中的语音、语调、语气等都应该是很自然的状态，和日常生活中的口语表达是一致的。不能有“背稿子”和“念稿子”的感觉，否则就成了“背诵”和“朗读”了。

如果“说话”时语音不清晰、断断续续不流畅，会大大影响说话测试项的成绩。说话不流畅的主要原因是准备不充分以及平时在生活中说话锻炼的机会较少，导致测试过程中不知如何表达。因此，平时的练习和积累显得非常重要。

(5)使用口语词汇，尽量不用词汇量较多的长句

在汉语口语当中很少使用书面语言性质的华丽辞藻，那些优美丰富、典雅精炼的语句在口语中会显得不够亲切、没有生活气息。因此，在测试"命题说话"的时候，用一些口语词汇，甚至适当地运用一些"儿化音"，则可以突出口语的色彩。

带有很多修饰成分的长句，往往出现在文艺作品的书面语言当中，在生活中比较少见。因此，要尽量避免使用长句，而多用短句来表达，以使说话的内容和形式符合口语表达的需要。

(6) 避免过多的口头语和语气助词

人们在生活工作中说话的时候往往会在语句中带上一些口头语以及一些语气助词，在"命题说话"测试的时候如果恰当地使用一些是可以的。因为可以使句子更口语化并能使句子的语气变得亲切、自然、节奏适中、容易理解。但是必须要注意，不能过多地重复这些口头语和助词，更不能在说话的过程中始终贯穿这些不必要的词语。否则，说话的语句就会变得不流畅、缺少连贯一致性，也会造成语意缺失。

(7) 思路清晰，符合逻辑

要确定说话的中心内容，语句的流畅与否在很大程度上取决于思路是否清晰。

(8)避免离题和无效话语

30 个话题给了应试人很大的选择内容的自由度，但是命题说话的一个重要测试标准毕竟是需要围绕题目进行。因此，所表达的内容与题目不应存在偏差，应试人所说内容不应与所测话题无关。

提醒大家，如果从网上或其他书刊杂志上照搬甚至背诵现成的资料，会被视为内容雷同，要被扣分。因此，要多从身边熟悉的人或事入手，以亲身经历说起，保证内容丰富。

(9)一定要说满 3 分钟

命题说话要求连续说话 3 分钟，话未说完时间已到不扣分，话已说完时间未到扣分。

3. 普通话水平测试用话题

(1)我的愿望(或理想)

(2)我的学习生活

(3)我尊敬的人
(4)我喜爱的动物(或植物)
(5)童年的记忆
(6)我喜爱的职业
(7)难忘的旅行
(8)我的朋友
(9)我喜爱的文学(或其他)艺术形式
(10)谈谈卫生与健康
(11)我的业余生活
(12)我喜欢的季节(或天气)
(13)学习普通话的体会
(14)谈谈服饰
(15)我的假日生活
(16)我的成长之路
(17)谈谈科技发展与社会生活
(18)我知道的风俗
(19)我和体育
(20)我的家乡(或熟悉的地方)
(21)谈谈美食
(22)我喜欢的节日
(23)我所在的集体(学校、机关、公司等)
(24)谈谈社会公德(或职业道德)
(25)谈谈个人修养
(26)我喜欢的明星(或其他知名人士)
(27)我喜爱的书刊
(28)谈谈对环境保护的认识
(29)我向往的地方
(30)购物(消费)的感受

附录一

中华人民共和国国家通用语言文字法

（2000 年 10 月 31 日第九届全国人民代表大会
常务委员会第十八次会议通过）

目　录

第一章　总　则

第一条　为推动国家通用语言文字的规范化、标准化及其健康发展，使国家通用语言文字在社会生活中更好地发挥作用，促进各民族、各地区经济文化交流，根据宪法，制定本法。

第二条　本法所称的国家通用语言文字是普通话和规范汉字。

第三条　国家推广普通话，推行规范汉字。

第四条　公民有学习和使用国家通用语言文字的权利。

国家为公民学习和使用国家通用语言文字提供条件。

地方各级人民政府及其有关部门应当采取措施，推广普通话和推行规范汉字。

第五条　国家通用语言文字的使用应当有利于维护国家主权和民族尊严，有利于国家统一和民族团结，有利于社会主义物质文明建设和精神文明建设。

第六条 国家颁布国家通用语言文字的规范和标准，管理国家通用语言文字的社会应用，支持国家通用语言文字的教学和科学研究，促进国家通用语言文字的规范、丰富和发展。

第七条 国家奖励为国家通用语言文字事业做出突出贡献的组织和个人。

第八条 各民族都有使用和发展自己的语言文字的自由。

少数民族语言文字的使用依据宪法、民族区域自治法及其他法律的有关规定。

第二章 国家通用语言文字的使用

第九条 国家机关以普通话和规范汉字为公务用语用字。法律另有规定的除外。

第十条 学校及其他教育机构以普通话和规范汉字为基本的教育教学用语用字。法律另有规定的除外。

学校及其他教育机构通过汉语文课程教授普通话和规范汉字。使用的汉语文教材，应当符合国家通用语言文字的规范和标准。

第十一条 汉语文出版物应当符合国家通用语言文字的规范和标准。

汉语文出版物中需要使用外国语言文字的，应当用国家通用语言文字作必要的注释。

第十二条 广播电台、电视台以普通话为基本的播音用语。

需要使用外国语言为播音用语的，须经国务院广播电视部门批准。

第十三条 公共服务行业以规范汉字为基本的服务用字。因公共服务需要，招牌、广告、告示、标志牌等使用外国文字并同时使用中文的，应当使用规范汉字。

提倡公共服务行业以普通话为服务用语。

第十四条 下列情形，应当以国家通用语言文字为基本的用语用字：

（一）广播、电影、电视用语用字；

（二）公共场所的设施用字；

（三）招牌、广告用字；

（四）企业事业组织名称；

（五）在境内销售的商品的包装、说明。

第十五条 信息处理和信息技术产品中使用的国家通用语言文字应

当符合国家的规范和标准。

第十六条 本章有关规定中，有下列情形的，可以使用方言：

(一)国家机关的工作人员执行公务时确需使用的；

(二)经国务院广播电视部门或省级广播电视部门批准的播音用语；

(三)戏曲、影视等艺术形式中需要使用的；

(四)出版、教学、研究中确需使用的。

第十七条 本章有关规定中，有下列情形的，可以保留或使用繁体字、异体字：

(一)文物古迹；

(二)姓氏中的异体字；

(三)书法、篆刻等艺术作品；

(四)题词和招牌的手书字；

(五)出版、教学、研究中需要使用的；

(六)经国务院有关部门批准的特殊情况。

第十八条 国家通用语言文字以《汉语拼音方案》作为拼写和注音工具。

《汉语拼音方案》是中国人名、地名和中文文献罗马字母拼写法的统一规范，并用于汉字不便或不能使用的领域。

初等教育应当进行汉语拼音教学。

第十九条 凡以普通话作为工作语言的岗位，其工作人员应当具备说普通话的能力。

以普通话作为工作语言的播音员、节目主持人和影视话剧演员、教师、国家机关工作人员的普通话水平，应当分别达到国家规定的等级标准；对尚未达到国家规定的普通话等级标准的，分别情况进行培训。

第二十条 对外汉语教学应当教授普通话和规范汉字。

第三章 管理和监督

第二十一条 国家通用语言文字工作由国务院语言文字工作部门负责规划指导、管理监督。

国务院有关部门管理本系统的国家通用语言文字的使用。

第二十二条 地方语言文字工作部门和其他有关部门，管理和监督本行政区域内的国家通用语言文字的使用。

第二十三条 县级以上各级人民政府工商行政管理部门依法对企业名称、商品名称以及广告的用语用字进行管理和监督。

第二十四条 国务院语言文字工作部门颁布普通话水平测试等级标准。

第二十五条 外国人名、地名等专有名词和科学技术术语译成国家通用语言文字，由国务院语言文字工作部门或者其他有关部门组织审定。

第二十六条 违反本法第二章有关规定，不按照国家通用语言文字的规范和标准使用语言文字的，公民可以提出批评和建议。

本法第十九条第二款规定的人员用语违反本法第二章有关规定的，有关单位应当对直接责任人员进行批评教育；拒不改正的，由有关单位作出处理。

城市公共场所的设施和招牌、广告用字违反本法第二章有关规定的，由有关行政管理部门责令改正；拒不改正的，予以警告，并督促其限期改正。

第二十七条 违反本法规定，干涉他人学习和使用国家通用语言文字的，由有关行政管理部门责令限期改正，并予以警告。

第四章 附 则

第二十八条 本法自 2001 年 1 月 1 日起施行。

附录二

北京市实施《中华人民共和国国家通用语言文字法》若干规定

（2003 年 5 月 30 日北京市第十二届人民代表大会常务委员会第四次会议通过）

第一条 为了实施《中华人民共和国国家通用语言文字法》，结合本市实际情况，制定本规定。

第二条 普通话和规范汉字的使用应当依据国家颁布的国家通用语言文字的规范和标准。

第三条 本市各级人民政府应当采取措施推广普通话和推行规范汉字。

市和区、县人民政府应当对语言文字工作部门开展工作所需人员和经费予以保证。

第四条 市和区、县语言文字工作部门管理和监督本行政区域内的国家通用语言文字的使用。

本市语言文字工作规划的制定以及普通话水平测试和培训工作，由市语言文字工作部门负责。

第五条 本市对在通用语言文字使用和管理工作中做出显著成绩的组织和个人予以表彰或者奖励。

第六条 本市国家机关的会议用语、公共场合的讲话用语、公务活动中的交际用语、机关内部的工作语言等应当使用普通话。

国家机关的名称牌、公文、印章、标牌、标志牌、指示牌、电子屏幕、标语等应当使用规范汉字。

第七条 本市学校及其他教育机构在教育教学、会议、宣传和其他集体活动中应当以普通话为基本用语。

学校及其他教育机构的名称牌、标志牌、标语(牌)、指示牌、电子屏幕、公文、印章、校刊(报)、讲义、试卷、板报、板书等应当以规范汉字为基本用字。

本市教育行政部门、劳动和社会保障行政部门以及有关的主管部门，应当将用语用字规范化列入对学校及其他教育机构进行检查和评估的内容。

第八条 本市各级广播电台、电视台应当以普通话作为播音、主持、采访基本用语。

本市制作的影视作品的印刷体厂名、台名、制作单位名称、栏目名称、片名、字幕、演职员表、广告等应当以规范汉字为基本用字。

第九条 本市各有关部门新录(聘)用以普通话作为工作语言的播音员、节目主持人和影视话剧演员、教师、国家机关工作人员时，应当进行普通话水平测试，达到国家规定的等级标准。

第十条 本市以汉语文出版的各类报纸、期刊、图书、电子和网络出版物、音像制品等出版物的报头(名)、刊名、封皮、内文、广告等应当使用普通话和规范汉字。

经批准使用的报名、刊名中含有异体字、繁体字的报纸、期刊，在本报刊其他地方再现其名称时应当使用规范汉字。

本市新闻出版行政部门应当将国家通用语言文字的使用纳入出版物编校质量考评和年度检查的内容，作为评选优秀出版物的条件。

第十一条 在本市从事商业、邮政、电信、网络、文化、餐饮、娱乐、铁路、交通、民航、旅游、银行、保险、医疗以及其他直接面向公众服务的行业的人员，应当以普通话为基本服务用语。

公共服务行业的名称牌、指示牌、标志牌、招牌、公文、印章、票据、报表、说明书、电子屏幕、广告、宣传材料等，应当以规范汉字为基本服务用字。

第十二条 本市公共场所使用的题词和招牌中的手书字，提倡使用规范汉字。

本市山川、河流等地名标志，行政区划名称标志，居民地名称以及路名、街名、站名、桥名、建筑物名称标志，名胜古迹、纪念地、游览地标志等公共场所的设施用字应当使用规范汉字。

违反第二款规定的，由有关行政部门责令改正；拒不改正的，予以警告，并督促其限期改正。

第十三条 企业名称、商品名称以及广告应当以国家通用语言文字为基本用语用字。违反规定的，由本市工商行政部门依据有关法律、法规进行处理。

第十四条　在本市销售的商品的包装、标志、说明等应当以规范汉字为基本用字；信息处理和信息技术产品中使用的国家通用语言文字应当符合国家的规范和标准。违反规定的，由本市质量技术监督行政部门依据有关法律、法规进行处理。

第十五条　以普通话作为工作语言的岗位，其工作人员应当在工作中坚持使用普通话。违反规定的，由所在单位对其进行批评教育，责令改正。

第十六条　违反本规定第六条、第七条第一款和第二款、第八条、第九条、第十条第一款和第二款、第十一条规定的，由市和区、县语言文字工作部门或者有关单位对直接责任人员进行批评教育，责令改正。

第十七条　语言文字工作部门和其他有关部门及其工作人员应当依法履行职责；滥用职权或者不履行法定职责的，由所在单位或者上级主管部门对直接负责的主管人员和其他直接责任人员依法给予行政处分。

第十八条　本规定自 2003 年 8 月 1 日起施行。

附录三

普通话水平测试管理规定

（教育部令第 16 号，2003 年 5 月 21 日）

第一条 为加强普通话水平测试管理，促其规范、健康发展，根据《中华人民共和国国家通用语言文字法》，制定本规定。

第二条 普通话水平测试（以下简称测试）是对应试人运用普通话的规范程度的口语考试。开展测试是促进普通话普及和应用水平提高的基本措施之一。

第三条 国家语言文字工作部门颁布测试等级标准、测试大纲、测试规程和测试工作评估办法。

第四条 国家语言文字工作部门对测试工作进行宏观管理，制定测试的政策、规划，对测试工作进行组织协调、指导监督和检查评估。

第五条 国家测试机构在国家语言文字工作部门的领导下组织实施测试，对测试业务工作进行指导，对测试质量进行监督和检查，开展测试科学研究和业务培训。

第六条 省、自治区、直辖市语言文字工作部门（以下简称省级语言文字工作部门）对本辖区测试工作进行宏观管理，制定测试工作规划、计划，对测试工作进行组织协调、指导监督和检查评估。

第七条 省级语言文字工作部门可根据需要设立地方测试机构。

省、自治区、直辖市测试机构（以下简称省级测试机构）接受省级语言文字工作部门及其办事机构的行政管理和国家测试机构的业务指导，对本地区测试业务工作进行指导，组织实施测试，对测试质量进行监督和检查，开展测试科学研究和业务培训。

省级以下测试机构的职责由省级语言文字工作部门确定。

各级测试机构的设立须经同级编制部门批准。

第八条 测试工作原则上实行属地管理。国家部委直属单位的测试工作，原则上由所在地区省级语言文字工作部门组织实施。

第九条　在测试机构的组织下，测试由测试员依照测试规程执行。测试员应遵守测试工作各项规定和纪律，保证测试质量，并接受国家和省级测试机构的业务培训。

第十条　测试员分省级测试员和国家级测试员。测试员须取得相应的测试员证书。

申请省级测试员证书者，应具有大专以上学历，熟悉推广普通话工作方针政策和普通语言学理论，熟悉方言与普通话的一般对应规律，熟练掌握《汉语拼音方案》和常用国际音标，有较强的听辨音能力，普通话水平达到一级。

申请国家级测试员证书者，一般应具有中级以上专业技术职务和两年以上省级测试员资历，具有一定的测试科研能力和较强的普通话教学能力。

第十一条　申请省级测试员证书者，通过省级测试机构的培训考核后，由省级语言文字工作部门颁发省级测试员证书；经省级语言文字工作部门推荐的申请国家级测试员证书者，通过国家测试机构的培训考核后，由国家语言文字工作部门颁发国家级测试员证书。

第十二条　测试机构根据工作需要聘任测试员并颁发有一定期限的聘书。

第十三条　在同级语言文字工作办事机构指导下，各级测试机构定期考查测试员的业务能力和工作表现，并给予奖惩。

第十四条　省级语言文字工作部门根据工作需要聘任测试视导员并颁发有一定期限的聘书。

测试视导员一般应具有语言学或相关专业的高级专业技术职务，熟悉普通语言学理论，有相关的学术研究成果，有较丰富的普通话教学经验和测试经验。

测试视导员在省级语言文字工作部门领导下，检查、监督测试质量，参与和指导测试管理和测试业务工作。

第十五条　应接受测试的人员为：

1. 教师和申请教师资格的人员；
2. 广播电台、电视台的播音员、节目主持人；
3. 影视话剧演员；
4. 国家机关工作人员；

5．师范类专业、播音与主持艺术专业、影视话剧表演专业以及其他与口语表达密切相关专业的学生；

6．行业主管部门规定的其他应该接受测试的人员。

第十六条 应接受测试的人员的普通话达标等级，由国家行业主管部门规定。

第十七条 社会其他人员可自愿申请接受测试。

第十八条 在高等学校注册的港澳台学生和外国留学生可随所在校学生接受测试。

测试机构对其他港澳台人士和外籍人士开展测试工作，须经国家语言文字工作部门授权。

第十九条 测试成绩由执行测试的测试机构认定。

第二十条 测试等级证书由国家语言文字工作部门统一印制，由省级语言文字工作办事机构编号并加盖印章后颁发。

第二十一条 普通话水平测试等级证书全国通用。等级证书遗失，可向原发证单位申请补发。伪造或变造的普通话水平测试等级证书无效。

第二十二条 应试人再次申请接受测试同前次接受测试的间隔应不少于3个月。

第二十三条 应试人对测试程序和测试结果有异议，可向执行测试的测试机构或上级测试机构提出申诉。

第二十四条 测试工作人员违反测试规定的，视情节予以批评教育、暂停测试工作、解除聘任或宣布测试员证书作废等处理，情节严重的提请其所在单位给予行政处分。

第二十五条 应试人违反测试规定的，取消其测试成绩，情节严重的提请其所在单位给予行政处分。

第二十六条 测试收费标准须经当地价格部门核准。

第二十七条 各级测试机构须严格执行收费标准，遵守国家财务制度，并接受当地有关部门的监督和审计。

第二十八条 本《规定》自2003年6月15日起施行。

附录四

普通话水平测试等级标准(试行)

(国家语委国语〔1997〕64 号，1997 年 12 月 5 日)

一　级

甲等　朗读和自由交谈时，语音标准，词汇、语法正确无误，语调自然，表达流畅。测试总失分率在 3%以内。

乙等　朗读和自由交谈时，语音标准，词汇、语法正确无误，语调自然，表达流畅。偶然有字音、字调失误。测试总失分率在 8%以内。

二　级

甲等　朗读和自由交谈时，声韵调发音基本标准，语调自然，表达流畅。少数难点音(平翘舌音、前后鼻尾音、边鼻音等)有时出现失误。词语、语法极少有误。测试总失分率在 13%以内。

乙等　朗读和自由交谈时，个别调值不准，声韵母发音有不到位现象。难点音(平翘舌音、前后鼻尾音、边鼻音、fu—hu、z—zh—j、送气不送气、i—ü 不分、保留浊塞音和浊塞擦音、丢介音、复韵母单音化等)失误较多。方言语调不明显。有使用方言词、方言语法的情况。测试总失分率在 20%以内。

三　级

甲等　朗读和自由交谈时，声韵母发音失误较多，难点音超出常见范围，声调调值多不准。方言语调较明显。词语、语法有失误。测试总失分率在 30%以内。

乙等　朗读和自由交谈时，声韵母发音失误较多，方言特征突出。方言语调明显。词语、语法失误较多。外地人听其谈话有听不懂情况。测试总失分率在 40%以内。

附录五

普通话水平测试大纲

（教育部教语用〔2003〕2 号，2003 年 10 月 10 日）

根据教育部、国家语言文字工作委员会发布的《普通话水平测试管理规定》《普通话水平测试等级标准》，制定本大纲。

一、测试的名称、性质、方式

本测试定名为“普通话水平测试”（PUTONGHUA SHUIPING CESHI，缩写为 PSC）。

普通话水平测试测查应试人的普通话规范程度、熟练程度，认定其普通话水平等级，属于标准参照性考试。本大纲规定测试的内容、范围、题型及评分系统。

普通话水平测试以口试方式进行。

二、测试内容和范围

普通话水平测试的内容包括普通话语音、词汇和语法。

普通话水平测试的范围是国家测试机构编制的《普通话水平测试用普通话词语表》《普通话水平测试用普通话与方言词语对照表》《普通话水平测试用普通话与方言常见语法差异对照表》《普通话水平测试用朗读作品》《普通话水平测试用话题》。

三、试卷构成和评分

试卷包括 5 个组成部分，满分为 100 分。

(一)读单音节字词(100 个音节，不含轻声、儿化音节)，限时 3.5 分钟，共 10 分。

1. 目的：测查应试人声母、韵母、声调读音的标准程度。

2. 要求：

(1)100 个音节中，70%选自《普通话水平测试用普通话词语表》“表一”，30%选自“表二”。

(2)100 个音节中，每个声母出现次数一般不少于 3 次，每个韵母出现次数一般不少于 2 次，4 个声调出现次数大致均衡。

(3)音节的排列要避免同一测试要素连续出现。

3. 评分：

(1)语音错误，每个音节扣 0.1 分。

(2)语音缺陷，每个音节扣 0.05 分。

(3)超时 1 分钟以内，扣 0.5 分；超时 1 分钟以上(含 1 分钟)，扣 1 分。

(二)读多音节词语(100 个音节)，限时 2.5 分钟，共 20 分。

1. 目的：测查应试人声母、韵母、声调和变调、轻声、儿化读音的标准程度。

2. 要求：

(1)词语的 70%选自《普通话水平测试用普通话词语表》“表一”，30%选自“表二”。

(2)声母、韵母、声调出现的次数与读单音节字词的要求相同。

(3)上声与上声相连的词语不少于 3 个，上声与非上声相连的词语不少于 4 个，轻声不少于 3 个，儿化不少于 4 个(应为不同的儿化韵母)。

(4)词语的排列要避免同一测试要素连续出现。

3. 评分：

(1)语音错误，每个音节扣 0.2 分。

(2)语音缺陷，每个音节扣 0.1 分。

(3)超时 1 分钟以内，扣 0.5 分；超时 1 分钟以上(含 1 分钟)，扣 1 分。

(三)选择判断*，限时 3 分钟，共 10 分。

1. 词语判断(10 组)

(1)目的：测查应试人掌握普通话词语的规范程度。

(2)要求：根据《普通话水平测试用普通话与方言词语对照表》，列举 10 组普通话与方言意义相对应但说法不同的词语，由应试人判断并读出普通话的词语。

(3)评分：判断错误，每组扣 0.25 分。

2. 量词、名词搭配(10 组)

(1)目的：测查应试人掌握普通话量词和名词搭配的规范程度。

(2)要求：根据《普通话水平测试用普通话与方言常见语法差异对照表》，列举 10 个名词和若干量词，由应试人搭配并读出符合普通话规范的 10 组名量短语。

(3)评分：搭配错误，每组扣 0.5 分。

3. 语序或表达形式判断(5 组)

(1)目的：测查应试人掌握普通话语法的规范程度。

(2)要求：根据《普通话水平测试用普通话与方言常见语法差异对照表》，列举 5 组普通话和方言意义相对应，但语序或表达习惯不同的短语或短句，由应试人判断并读出符合普通话语法规范的表达形式。

(3)评分：判断错误，每组扣 0.5 分。

选择判断合计超时 1 分钟以内，扣 0.5 分；超时 1 分钟以上(含 1 分钟)，扣 1 分。答题时语音错误，每个音节扣 0.1 分，如判断错误已经扣分，不重复扣分。

(四)朗读短文(1 篇，400 个音节)，限时 4 分钟，共 30 分。

1. 目的：测查应试人使用普通话朗读书面作品的水平。在测查声母、韵母、声调读音标准程度的同时，重点测查连读音变、停连、语调以及流畅程度。

2. 要求：

(1)短文从《普通话水平测试用朗读作品》中选取。

(2)评分以朗读作品的前 400 个音节(不含标点符号和括注的音节)为限。

3. 评分：

(1)每错 1 个音节，扣 0.1 分；漏读或增读 1 个音节，扣 0.1 分。

(2)声母或韵母的系统性语音缺陷，视程度扣 0.5 分、1 分。

(3)语调偏误，视程度扣 0.5 分、1 分、2 分。

(4)停连不当，视程度扣 0.5 分、1 分、2 分。

(5)朗读不流畅(包括回读)，视程度扣 0.5 分、1 分、2 分。

(6)超时扣 1 分。

(五)命题说话，限时 3 分钟，共 30 分。

1. 目的：测查应试人在无文字凭借的情况下说普通话的水平，重点测查语音标准程度、词汇语法规范程度和自然流畅程度。

2. 要求：

(1)说话话题从《普通话水平测试用话题》中选取，由应试人从给定的两个话题中选定1个话题，连续说一段话。

(2)应试人单向说话。如发现应试人有明显背稿、离题、说话难以继续等表现时，主试人应及时提示或引导。

3. 评分：

(1)语音标准程度，共20分。分六档：

一档：语音标准，或极少有失误。扣0分、0.5分、1分。

二档：语音错误在10次以下，有方音但不明显。扣1.5分、2分。

三档：语音错误在10次以下，但方音比较明显；或语音错误在10次～15次之间，有方音但不明显。扣3分、4分。

四档：语音错误在10次～15次之间，方音比较明显。扣5分、6分。

五档：语音错误超过15次，方音明显。扣7分、8分、9分。

六档：语音错误多，方音重。扣10分、11分、12分。

(2)词汇语法规范程度，共5分。分三档：

一档：词汇、语法规范。扣0分。

二档：词汇、语法偶有不规范的情况。扣0.5分、1分。

三档：词汇、语法屡有不规范的情况。扣2分、3分。

(3)自然流畅程度，共5分。分三档：

一档：语言自然流畅。扣0分。

二档：语言基本流畅，口语化较差，有背稿子的表现。扣0.5分、1分。

三档：语言不连贯，语调生硬。扣2分、3分。

说话不足3分钟，酌情扣分：缺时1分钟以内(含1分钟)，扣1分、2分、3分；缺时1分钟以上，扣4分、5分、6分；说话不满30秒(含30秒)，本测试项成绩计为0分。

四、应试人普通话水平等级的确定

国家语言文字工作部门发布的《普通话水平测试等级标准》是确定应试人普通话水平等级的依据。测试机构根据应试人的测试成绩确定其普通话水平等级，由省、自治区、直辖市以上语言文字工作部门颁发相应的普通话水平测试等级证书。

普通话水平划分为三个级别，每个级别内划分两个等次。其中：

97 分及其以上，为一级甲等；

92 分及其以上但不足 97 分，为一级乙等；

87 分及其以上但不足 92 分，为二级甲等；

80 分及其以上但不足 87 分，为二级乙等；

70 分及其以上但不足 80 分，为三级甲等；

60 分及其以上但不足 70 分，为三级乙等。

*说明：各省、自治区、直辖市语言文字工作部门可以根据测试对象或本地区的实际情况，决定是否免测“选择判断”测试项。如免测此项，“命题说话”测试项的分值由 30 分调整为 40 分。评分档次不变，具体分值调整如下：

(1)语音标准程度的分值，由 20 分调整为 25 分。

一档：扣 0 分、1 分、2 分。

二档：扣 3 分、4 分。

三档：扣 5 分、6 分。

四档：扣 7 分、8 分。

五档：扣 9 分、10 分、11 分。

六档：扣 12 分、13 分、14 分。

(2)词汇语法规范程度的分值，由 5 分调整为 10 分。

一档：扣 0 分。

二档：扣 1 分、2 分。

三档：扣 3 分、4 分。

(3)自然流畅程度，仍为 5 分，各档分值不变。

附录六

普通话异读词审音表

（1985年12月27日国家语言文字工作委员会、
国家教育委员会、广播电视部发布）

说　明

一、本表所审，主要是普通话有异读的词和有异读的作为“语素”的字。不列出多音多义字的全部读音和全部义项，与字典、词典形式不同。例如：“和”字有多种义项和读音，而本表仅列出原有异读的八条词语，分列于 hè 和 huo 两种读音之下（有多种读音，较常见的在前。下同）；其余无异读的音、义均不涉及。

二、在字后注明“统读”的，表示此字不论用于任何词语中只读一音（轻声变读不受此限），本表不再举出词例。例如：“阀”字注明“fá（统读）”，原表“军阀”“学阀”“财阀”条和原表所无的“阀门”等词均不再举。

三、在字后不注“统读”的，表示此字有几种读音，本表只审订其中有异读的词语的读音。例如“艾”字本有 ài 和 yì 两音，本表只举“自怨自艾”一词，注明此处读 yì 音；至于 ài 音及其义项，并无异读，不再赘列。

四、有些字有文白二读，本表以“文”和“语”作注。前者一般用于书面语言，用于复音词和文言成语中；后者多用于口语中的单音词及少数日常生活事物的复音词中。这种情况在必要时各举词语为例。例如：“杉”字下注“（一）shān（文）：紫～、红～、水～；（二）shā（语）：～篙、～木”。

五、有些字除附举词例之外，酌加简单说明，以便读者分辨。说明或按具体字义，或按“动作义”“名物义”等区分，例如：“畜”字下注“（一）chù（名物义）：～力、家～、牲～、幼～；（二）xù（动作义）：～产、～牧、～养”。

六、有些字的几种读音中某音用处较窄，另音用处甚宽，则注“除×

×(较少的词)念乙音外，其他都念甲音”，以避免列举词条繁而未尽、挂一漏万的缺点。例如：“结”字下注“除‘～了个果子’‘开花～果’‘～巴’‘～实’念 jiē 之外，其他都念 jié”。

七、由于轻声问题比较复杂，除《初稿》涉及的部分轻声词之外，本表一般不予审订，并删去部分原审的轻声词，例如“麻刀(dao)”、“容易(yi)”等。

八、本表酌增少量有异读的字或词，作了审订。

九、除因第二、六、七各条说明中所举原因而删略的词条之外，本表又删汰了部分词条。主要原因是：

1. 现已无异读(如“队伍”“理会”)；
2. 罕用词语(如“俵分”“仔密”)；
3. 方言土音(如“归里包堆[zuī]”“告送[song]”)；
4. 不常用的文言词语(如“刍荛”“氍毹”)；
5. 音变现象(如“胡里八涂[tū]”“毛毛腾腾[tēngtēng]”)；
6. 重复累赘(如原表“色”字的有关词语分列达 23 条之多)。删汰条目不再编入。

十、人名、地名的异读审订，除原表已涉及的少量词条外，留待以后再审。

A

阿(一)ā～訇　～罗汉　～木林　～姨
　(二)ē～谀　～附　～胶　～弥陀佛
挨(一)āi～个　～近
　(二)ái～打　～说
癌 ái(统读)
霭 ǎi(统读)
蔼 ǎi(统读)
隘 ài(统读)
谙 ān(统读)
埯 ǎn(统读)
昂 áng(统读)
凹 āo(统读)
拗(一)ào～口
　(二)niù 执～　脾气很～
坳 ào(统读)

B

拔 bá(统读)
把 bà 印～子
白 bái(统读)
膀 bǎng 翅～
蚌(一)bàng 蛤～
　(二)bèng ～埠
傍 bàng(统读)
磅 bàng 过～
龅 bāo(统读)

胞 bāo(统读)
薄(一)báo(语)常单用，如“纸很～”。
(二)bó(文)多用于复音词。
～弱　稀～　淡～　尖嘴～舌　单～　厚～
堡(一)bǎo 碉～　～垒
(二)bǔ～子　吴～　瓦窑～　柴沟～
(三)pù 十里～
暴(一)bào～露
(二)pù 一～(曝)十寒
爆 bào(统读)
焙 bèi(统读)
惫 bèi(统读)
背 bèi ～脊　～静
鄙 bǐ(统读)
俾 bǐ(统读)
笔 bǐ(统读)
比 bǐ(统读)
臂(一)bì 手～　～膀
(二)bei 胳～
庇 bì(统读)
髀 bì(统读)
避 bì(统读)
辟 bì 复～
裨 bì ～补　～益
婢 bì(统读)
痹 bì(统读)
壁 bì(统读)
蝙 biān(统读)
遍 biàn(统读)
骠(一)biāo 黄～马
(二)piào～骑　～勇
傧 bīn(统读)
缤 bīn(统读)
濒 bīn(统读)
髌 bìn(统读)
屏(一)bǐng～除　～弃　～气　～息
(二)píng ～藩　～风
柄 bǐng(统读)
波 bō(统读)
播 bō(统读)
菠 bō(统读)
剥(一)bō(文)～削
(二)bāo(语)
泊(一)bó 淡～　飘～　停～
(二)pō 湖～　血～
帛 bó(统读)
勃 bó(统读)
钹 bó(统读)
伯(一)bó～～(bo)　老～
(二)bǎi 大～子(丈夫的哥哥)
箔 bó(统读)
簸(一)bǒ 颠～
(二)bò ～箕
膊 bo 胳～
卜 bo 萝～
醭 bú(统读)
哺 bǔ(统读)
捕 bǔ(统读)
鵏 bǔ(统读)
埠 bù(统读)

C

残 cán(统读)
惭 cán(统读)
灿 càn(统读)
藏(一)cáng 矿～
(二)zàng 宝～
糙 cāo(统读)
嘈 cáo(统读)
螬 cáo(统读)
厕 cè(统读)
岑 cén(统读)
差(一)chā(文) 不～累黍 不～什么 偏～ 色～ ～别 视～ 误～ 电势～ 一念之～ ～池 ～错 言～语错 一～二错 阴错阳～ ～等 ～额 ～价 ～强人意 ～数 ～异
(二)chà(语) ～不多 ～不离 ～点儿
(三)cī 参～
猹 chá(统读)
搽 chá(统读)
阐 chǎn(统读)
羼 chàn(统读)
颤(一)chàn ～动 发～
(二) zhàn ～栗(战栗) 打～(打战)
韂 chàn(统读)
伥 chāng(统读)
场(一)chǎng～合 ～所 冷～ 捧～
(二)cháng 外～ 圩～ ～院 一～雨
(三)chang 排～
钞 chāo(统读)
巢 cháo(统读)
嘲 cháo～讽 ～骂 ～笑
耖 chào(统读)
车(一)chē 安步当～ 杯水～薪 闭门造～ 螳臂当～
(二)jū(象棋棋子名称)
晨 chén(统读)
称chèn～心 ～意 ～职 对～ 相～
撑 chēng(统读)
乘(动作义，念 chéng)
包～制 ～便 ～风破浪 ～客 ～势 ～兴
橙 chéng(统读)
惩 chéng(统读)
澄(一)chéng(文)～清(如"～清混乱""～清问题")
(二)dèng(语)单用，如"把水～清了"。
痴 chī(统读)
吃 chī(统读)
弛 chí(统读)
褫 chǐ(统读)
尺 chǐ ～寸 ～头
豉 chǐ(统读)
侈 chǐ(统读)
炽 chì(统读)
舂 chōng(统读)
冲 chòng～床 ～模
臭(一)chòu 遗～万年

（二）xiù 乳～　铜～
储 chǔ（统读）
处 chǔ（动作义）～罚　～分　～决　～理　～女　～置
畜（一）chù（名物义）～力　家～　牲～　幼～
（二）xù（动作义）～产　～牧　～养
触 chù（统读）
搐 chù（统读）
绌 chù（统读）
黜 chù（统读）
闯 chuǎng（统读）
创（一）chuàng 草～　～举　首～　～造　～作
（二）chuāng～伤　重～
绰（一）chuò～～有余
（二）chuo 宽～
疵 cī（统读）
雌 cí（统读）
赐 cì（统读）
伺 cì ～候
枞（一）cōng ～树
（二）zōng ～阳〔**地名**〕
从 cóng（统读）
丛 cóng（统读）
攒 cuán 万头～动　万箭～心
脆 cuì（统读）
撮（一）cuō～儿　一～儿盐　一～儿匪帮
（二）zuǒ 一～儿毛
措 cuò（统读）

D

搭 dā（统读）
答（一）dá 报～　～复
（二）dā ～理　～应
打 dá 苏～　一～（十二个）
大（一）dà～夫（古官名）　～王（如爆破～王、钢铁～王）
（二）dài～夫（医生）　～黄　～王（如山～王）　～城〔**地名**〕
呆 dāi（统读）
傣 dǎi（统读）
逮（一）dài（文）如“～捕”。
（二）dǎi（语）单用，如“～蚊子”“～特务”。
当（一）dāng～地　～间儿　～年（指过去）　～日（指过去）　～天（指过去）　～时（指过去）　螳臂～车
（二）dàng 一个～俩　安步～车　适～　～年（同一年）　～日（同一时候）　～天（同一天）
档 dàng（统读）
蹈 dǎo（统读）
导 dǎo（统读）
倒（一）dǎo 颠～　颠～是非　颠～黑白　颠三～四　倾箱～箧　排山～海　～板　～嚼　～仓　～嗓　～戈　潦～
（二）dào～粪（把粪弄碎）
悼 dào（统读）
纛 dào（统读）
凳 dèng（统读）

瓶 dī(统读)
氐 dī〔古民族名〕
堤 dī(统读)
提 dī～防
的 dí～当　～确
抵 dǐ(统读)
蒂 dì(统读)
缔 dì(统读)
谛 dì(统读)
点 dian 打～(收拾、贿赂)
跌 diē(统读)
蝶 dié(统读)
订 dìng(统读)
都(一)dōu～来了
　(二)dū～市　首～　大～(大多)
堆 duī(统读)
吨 dūn(统读)
盾 dùn(统读)
多 duō(统读)
咄 duō(统读)
掇(一)duō(“拾取、采取”义)
　(二)duo 撺～　掂～
裰 duō(统读)
踱 duó(统读)
度 duó 忖～　～德量力

E

婀 ē(统读)

F

伐 fá(统读)
阀 fá(统读)
砝 fǎ(统读)
法 fǎ(统读)
发 fà 理～　脱～　结～
帆 fān(统读)
藩 fān(统读)
梵 fàn(统读)
坊(一)fāng 牌～　～巷
　(二)fáng 粉～　磨～　碾～　染～　油～　谷～
妨 fáng(统读)
防 fáng(统读)
肪 fáng(统读)
沸 fèi(统读)
汾 fén(统读)
讽 fěng(统读)
肤 fū(统读)
敷 fū(统读)
俘 fú(统读)
浮 fú(统读)
服 fú(统读)～毒　～药
拂 fú(统读)
辐 fú(统读)
幅 fú(统读)
甫 fǔ(统读)
复 fù(统读)
缚 fù(统读)

G

噶 gá(统读)
冈 gāng(统读)
刚 gāng(统读)
岗 gǎng～楼　～哨　～子　门～　站～　山～子
港 gǎng(统读)

葛(一)gé～藤 ～布 瓜～
(二)gě〔**姓**〕(包括单、复姓)
隔 gé(统读)
革 gé～命 ～新 改～
合 gě(一升的十分之一)
给(一)gěi(语)单用
(二)jǐ(文)补～ 供～ 供～制 ～予 配～ 自～自足
亘 gèn(统读)
更 gēng 五～ ～生
颈 gěng 脖～子
供(一)gōng～给 提～ ～销
(二)gòng 口～ 翻～ 上～
佝 gōu(统读)
枸 gǒu～杞
勾 gòu～当
估(除"～衣"读 gù 外，都读 gū)
骨(除"～碌""～朵"读 gū 外，都读 gǔ)
谷 gǔ～雨
锢 gù(统读)
冠(一)guān(名物义)～心病
(二)guàn(动作义)沐猴而～ ～军
犷 guǎng(统读)
庋 guǐ(统读)
桧(一)guì〔**树名**〕
(二)huì〔**人名**〕"秦～"
刽 guì(统读)
聒 guō(统读)
蝈 guō(统读)
过(除姓氏读 guō 外，都读 guò)

H

虾 há～蟆
哈(一)hǎ～达
(二)hà～什蚂
汗 hán 可～
巷 hàng～道
号 háo 寒～虫
和(一)hè 唱～ 附～ 曲高～寡
(二)huo 搀～ 搅～ 暖～ 热～ 软～
貉(一)hé(文)一丘之～
(二)háo(语)～绒 ～子
壑 hè(统读)
褐 hè(统读)
喝hè～彩 ～道 ～令 ～止 呼幺～六
鹤 hè(统读)
黑 hēi(统读)
亨 hēng(统读)
横(一)héng～肉 ～行霸道
(二)hèng 蛮～ ～财
訇 hōng(统读)
虹(一)hóng(文)～彩 ～吸
(二)jiàng(语)单说
讧 hòng(统读)
囫 hú(统读)
瑚 hú(统读)
蝴 hú(统读)
桦 huà(统读)
徊 huái(统读)
踝 huái(统读)
浣 huàn(统读)

黄 huáng(统读)
荒 huang 饥～(指经济困难)
诲 huì(统读)
贿 huì(统读)
会 huì 一～儿　多～儿　～厌(生理名词)
混 hùn～合　～乱　～凝土　～淆　～血儿　～杂
蠖 huò(统读)
霍 huò(统读)
豁 huò～亮
获 huò(统读)

J

羁 jī(统读)
击 jī(统读)
奇 jī～数
芨 jī(统读)
缉(一)jī 通～　侦～
(二)qī～鞋口
几 jī 茶～　条～
圾 jī(统读)
戢 jí(统读)
疾 jí(统读)
汲 jí(统续)
棘 jí(统读)
藉 jí 狼～(籍)
嫉 jí(统读)
脊 jǐ(统读)
纪(一)jǐ〔**姓**〕
(二)jì～念　～律　纲～　～元
偈 jì～语
绩 jì(统读)
迹 jì(统读)
寂 jì(统读)
箕 ji 簸～
辑 ji 逻～
茄 jiā 雪～
夹 jiā～带藏掖　～道儿　～攻　～棍　～生　～杂　～竹桃　～注
浃 jiā(统读)
甲 jiǎ(统读)
歼 jiān(统读)
鞯 jiān(统读)
间(一)jiān～不容发　中～
(二)jiàn 中～儿　～道　～谍　～断　～或　～接　～距　～隙　～续　～阻　～作　挑拨离～
趼 jiǎn(统读)
俭 jiǎn(统读)
缰 jiāng(统读)
膙 jiǎng(统读)
嚼(一)jiáo(语)味同～蜡　咬文～字
(二)jué(文)咀～　过屠门而大～
(三)jiào 倒～(倒嚼)
侥 jiǎo～幸
角(一)jiǎo 八～(大茴香)　～落　独～戏　～膜　～度　～儿(犄～)　～楼　勾心斗～　号～　口～　(嘴～)　鹿～菜　头～
(二)jué～斗　～儿(脚色)　口～(吵嘴)　主～儿　配～儿　～力　捧～儿
脚(一)jiǎo 根～

（二）jué～儿（也作“角儿”，脚色）
剿（一）jiǎo 围～
（二）chāo～说　～袭
校 jiào～勘　～样　～正
较 jiào（统读）
酵 jiào（统读）
嗟 jiē（统读）
疖 jiē（统读）
结（除“～了个果子”“开花～果”“～巴”“～实”念 jiē 之外，其他都念 jié）
睫 jié（统读）
芥（一）jiè～菜（一般的芥菜）　～末
（二）gài～菜（也作“盖菜”）　～蓝菜
矜 jīn～持　自～　～怜
仅 jǐn～～　绝无～有
馑 jǐn（统读）
觐 jìn（统读）
浸 jìn（统读）
斤 jin 千～（起重的工具）
茎 jīng（统读）
粳 jīng（统读）
鲸 jīng（统读）
境 jìng（统读）
痉 jìng（统读）
劲 jìng 刚～
窘 jiǒng（统读）
究 jiū（统读）
纠 jiū（统读）
鞠 jū（统读）
鞫 jū（统读）
掬 jū（统读）
苴 jū（统读）
咀 jǔ～嚼
矩（一）jǔ～形
（二）ju 规～
俱 jù（统读）
龟 jūn～裂（也作“皲裂”）
菌（一）jūn 细～　病～　杆～　霉～
（二）jùn 香～　～子
俊 jùn（统读）

K

卡（一）kǎ～宾枪　～车　～介苗　～片　～通
（二）qiǎ～子　关～
揩 kāi（统读）
慨 kǎi（统读）
忾 kài（统读）
勘 kān（统读）
看 kān～管　～护　～守
慷 kāng（统读）
拷 kǎo（统读）
坷 kē～拉（垃）
疴 kē（统读）
壳（一）ké（语）～儿　贝～儿　脑～　驳～枪
（二）qiào（文）地～　甲～　躯～
可（一）kě～～儿的
（二）kè～汗
恪 kè（统读）
刻 kè（统读）
克 kè～扣
空（一）kōng～心砖　～城计

（二）kòng～心吃药

眍 kōu（统读）

矻 kū（统读）

酷 kù（统读）

框 kuàng（统读）

矿 kuàng（统读）

傀 kuǐ（统读）

溃（一）kuì～烂

（二）huì～脓

篑 kuì（统读）

括 kuò（统读）

L

垃 lā（统读）

邋 lā（统读）

罱 lǎn（统读）

缆 lǎn（统读）

蓝 lan 苤～

琅 láng（统读）

捞 lāo（统读）

劳 láo（统读）

醪 láo（统读）

烙（一）lào～印 ～铁 ～饼

（二）luò 炮～（古酷刑）

勒（一）lè（文）～逼 ～令 ～派 ～索 悬崖～马

（二）lēi（语）多单用

擂（除"～台""打～"读 lèi 外，都读 léi）

礌 léi（统读）

羸 léi（统读）

蕾 lěi（统读）

累（一）lèi（辛劳义，如"受～"〔受劳～〕）

（二）léi（如"～赘"）

（三）lěi（牵连义，如"带～""～及""连～""赔～""牵～""受～"〔受牵～〕）

蠡（一）lí 管窥～测

（二）lǐ～县 范～

喱 lí（统读）

连 lián（统读）

敛 liǎn（统读）

恋 liàn（统读）

量（一）liàng～入为出 忖～

（二）liang 打～ 掂～

踉 liàng～跄

潦 liáo～草 ～倒

劣 liè（统读）

捩 liè（统读）

趔 liè（统读）

拎 līn（统读）

遴 lín（统读）

淋（一）lín～浴 ～漓 ～巴

（二）lìn～硝 ～盐 ～病

蛉 líng（统读）

榴 liú（统读）

馏（一）liú（文）如"干～""蒸～"

（二）liù（语）如"～馒头"

镏 liú～金

碌 liù～碡

笼（一）lóng（名物义）～子 牢～

（二）lǒng（动作义）～络 ～括 ～统 ～罩

偻（一）lóu 佝～

（二）lǚ 伛～

瞜 lou 眍～
虏 lǔ(统读)
掳 lǔ(统读)
露(一)lù(文)赤身～体　～天　～骨　～头角　藏头～尾　抛头～面　～头(矿)
(二)lòu(语)～富　～苗　～光　～相　～马脚　～头
榈 lǘ(统读)
捋(一)lǚ～胡子
(二)luō～袖子
绿(一)lǜ(语)
(二)lù(文)～林　鸭～江
孪 luán(统读)
挛 luán(统读)
掠 lüè(统读)
囵 lún(统读)
络 luò～腮胡子
落(一)luò(文)～膘　～花生　～魄　涨～　～槽　着～
(二)lào(语)～架　～色　～炕　～枕　～儿　～子(一种曲艺)
(三)là(语)遗落义。丢三～四　～在后面

M

脉(除"～～"念 mòmò 外，一律念 mài)
漫 màn(统读)
蔓(一)màn(文)～延　不～不支
(二)wàn(语)瓜～　压～
牤 māng(统读)
氓 máng 流～
芒 máng(统读)
铆 mǎo(统读)
瑁 mào(统读)
虻 méng(统读)
盟 méng(统读)
祢 mí(统读)
眯(一)mí～了眼(灰尘等入目，也作"迷")
(二)mī～了一会儿(小睡)　～缝着眼(微微合目)
靡(一)mí～费
(二)mǐ 风～　委～　披～
秘(除"～鲁"读 bì 外，都读 mì)
泌(一)mì(语)分～
(二)bì(文)～阳〔**地名**〕
娩 miǎn(统读)
缈 miǎo(统读)
皿 mǐn(统读)
闽 mǐn(统读)
茗 míng(统读)
酩 mǐng(统读)
谬 miù(统读)
摸 mō(统读)
模(一)mó～范　～式　～型　～糊　～特儿　～棱两可
(二)mú～子　～具　～样
膜 mó(统读)
摩 mó 按～　抚～
嬷 mó(统读)
墨 mò(统读)
耱 mò(统读)
沫 mò(统读)
缪 móu 绸～

N

难(一)nán 困～(或变轻声)～兄～弟(难得的兄弟，现多用作贬义)
(二)nàn 排～解纷　发～　刁～　责～　～兄～弟(共患难或同受苦难的人)
蝻 nǎn(统读)
蛲 náo(统读)
讷 nè(统读)
馁 něi(统读)
嫩 nèn(统读)
恁 nèn(统读)
妮 nī(统读)
拈 niān(统读)
鲇 nián(统读)
酿 niàng(统读)
尿(一)niào 糖～症
(二)suī(只用于口语名词)尿(niào)～　～脬
嗫 niè(统读)
宁(一)níng 安～
(二)nìng～可　无～〔姓〕
忸 niǔ(统读)
脓 nóng(统读)
弄(一)nòng 玩～
(二)lòng～堂
暖 nuǎn(统读)
衄 nǜ(统读)
疟(一)nüè(文)～疾
(二)yào(语)发～子
娜(一)nuó 婀～　袅～
(二)nà(人名)

O

殴 ōu(统读)
呕 ǒu(统读)

P

杷 pá(统读)
琶 pá(统读)
牌 pái(统读)
排 pǎi～子车
迫 pǎi～击炮
湃 pài(统读)
爿 pán(统读)
胖 pán 心广体～(～为安舒貌)
蹒 pán(统读)
畔 pàn(统读)
乓 pāng(统读)
滂 pāng(统读)
脬 pāo(统读)
胚 pēi(统读)
喷(一)pēn～嚏
(二)pèn～香
(三)pen 嚏～
澎 péng(统读)
坯 pī(统读)
披 pī(统读)
匹 pǐ(统读)
僻 pì(统读)
譬 pì(统读)
片(一)piàn～子　唱～　画～　相～　影～　～儿会
(二)piān(口语一部分词)～子～儿　唱～儿　画～儿　相～儿

影～儿
剽 piāo(统读)
缥 piāo～缈(飘渺)
撇 piē～弃
聘 pìn(统读)
乒 pīng(统读)
颇 pō(统读)
剖 pōu(统读)
仆(一)pū 前～后继
(二)pú～从
扑 pū(统读)
朴(一)pǔ 俭～　～素　～质
(二)pō～刀
(三)pò～硝　厚～
蹼 pǔ(统读)
瀑 pù～布
曝(一)pù 一～十寒
(二)bào～光(摄影术语)

Q

栖 qī 两～
戚 qī(统读)
漆 qī(统读)
期 qī(统读)
蹊 qī～跷
蛴 qí(统读)
畦 qí(统读)
萁 qí(统读)
骑 qí(统读)
企 qǐ(统读)
绮 qǐ(统读)
杞 qǐ(统读)
槭 qì(统读)
洽 qià(统读)
签 qiān(统读)
潜 qián(统读)
荨(一)qián(文)～麻
(二)xún(语)　～麻疹
嵌 qiàn(统读)
欠 qian 打哈～
戕 qiāng(统读)
镪 qiāng～水
强(一)qiáng～渡　～取豪夺　～制　博闻～识
(二)qiǎng 勉～　牵～　～词夺理　～迫　～颜为笑
(三)jiàng 倔～
襁 qiǎng(统读)
跄 qiàng(统读)
悄(一)qiāo～～儿的
(二)qiǎo～默声儿的
橇 qiāo(统读)
翘(一)qiào(语)～尾巴
(二)qiáo(文)～首　～楚　连～
怯 qiè(统读)
挈 qiè(统读)
趄 qie 趔～
侵 qīn(统读)
衾 qīn(统读)
噙 qín(统读)
倾 qīng(统读)
亲 qìng～家
穹 qióng(统读)
黢 qū(统读)
曲(麯)qū 大～　红～　神～
渠 qú(统读)

瞿 qú(统读)

蠼 qú(统读)

苣 qǔ～荬菜

龋 qǔ(统读)

趣 qù(统读)

雀 què～斑　～盲症

R

髯 rán(统读)

攘 rǎng(统读)

桡 ráo(统读)

绕 rào(统读)

任 rén〔**姓，地名**〕

妊 rèn(统读)

扔 rēng(统读)

容 róng(统读)

糅 róu(统读)

茹 rú(统读)

孺 rú(统读)

蠕 rú(统读)

辱 rǔ(统读)

挼 ruó(统读)

S

靸 sǎ(统读)

噻 sāi(统读)

散(一)sǎn 懒～　零零～～　～漫

　(二)san 零～

丧 sang 哭～着脸

扫(一)sǎo～兴

　(二)sào～帚

埽 sào(统读)

色(一)sè(文)

　(二)shǎi(语)

塞(一)sè(文)动作义

　(二)sāi(语)名物义，如：“活～”“瓶～”；动作义，如：“把洞～住”

森 sēn(统读)

煞(一)shā～尾　收～

　(二)shà～白

啥 shá(统读)

厦(一)shà(语)

　(二)xià(文)～门　噶～

杉(一)shān(文)紫～　红～　水～

　(二)shā(语)～篙　～木

衫 shān(统读)

姗 shān(统读)

苫(一)shàn(动作义，如“～布”)

　(二)shān(名物义，如“草～子”)

墒 shāng(统读)

猞 shē(统读)

舍 shè 宿～

慑 shè(统读)

摄 shè(统读)

射 shè(统读)

谁 shéi，又音 shuí

娠 shēn(统读)

什(甚)shén～么

蜃 shèn(统读)

葚(一)shèn(文)桑～

　(二)rèn(语)桑～儿

胜 shèng(统读)

识 shí 常～　～货　～字

似 shì～的

室 shì(统读)

螫(一)shì(文)
　(二)zhē(语)
匙 shi 钥～
殊 shū(统读)
蔬 shū(统读)
疏 shū(统读)
叔 shū(统读)
淑 shū(统读)
菽 shū(统读)
熟(一)shú(文)
　(二)shóu(语)
署 shǔ(统读)
曙 shǔ(统读)
漱 shù(统读)
戍 shù(统读)
蟀 shuài(统读)
孀 shuāng(统读)
说 shuì 游～
数 shuò～见不鲜
硕 shuò(统读)
蒴 shuò(统读)
艘 sōu(统读)
嗾 sǒu(统读)
速 sù(统读)
塑 sù(统读)
虽 suī(统读)
绥 suí(统读)
髓 suǐ(统读)
遂(一)suì 不～　毛～自荐
　(二)suí 半身不～
隧 suì(统读)
隼 sǔn(统读)
莎 suō～草
缩(一)suō 收～
　(二)sù～砂密(一种植物)
嗍 suō(统读)
索 suǒ(统读)

T

趿 tā(统读)
鳎 tǎ(统读)
獭 tǎ(统读)
沓(一)tà 重～
　(二)ta 疲～
　(三)dá 一～纸
苔(一)tái(文)
　(二)tāi(语)
探 tàn(统读)
涛 tāo(统读)
悌 tì(统读)
佻 tiāo(统读)
调 tiáo～皮
帖(一)tiē 妥～　伏伏～～　俯首～耳
　(二)tiě 请～　字～儿
　(三)tiè 字～　碑～
听 tīng(统读)
庭 tíng(统读)
骰 tóu(统读)
凸 tū(统读)
突 tū(统读)
颓 tuí(统读)
蜕 tuì(统读)
臀 tún(统读)
唾 tuò(统读)

W

娲 wā(统读)
挖 wā(统读)
瓦 wà～刀
喎 wāi(统读)
蜿 wān(统读)
玩 wán(统读)
惋 wǎn(统读)
脘 wǎn(统读)
往 wǎng(统读)
忘 wàng(统读)
微 wēi(统读)
巍 wēi(统读)
薇 wēi(统读)
危 wēi(统读)
韦 wéi(统读)
违 wéi(统读)
唯 wéi(统读)
圩(一)wéi～子
(二)xū～(墟)场
纬 wěi(统读)
委 wěi～靡
伪 wěi(统读)
萎 wěi(统读)
尾(一)wěi～巴
(二)yǐ 马～儿
尉 wèi～官
文 wén(统读)
闻 wén(统读)
紊 wěn(统读)
喔 wō(统读)
蜗 wō(统读)
硪 wò(统读)
诬 wū(统读)
梧 wú(统读)
牾 wǔ(统读)
乌 wù～拉(也作“靰鞡”) ～拉草
杌 wù(统读)
鹜 wù(统读)

X

夕 xī(统读)
汐 xī(统读)
晰 xī(统读)
析 xī(统读)
皙 xī(统读)
昔 xī(统读)
溪 xī(统读)
悉 xī(统读)
熄 xī(统读)
蜥 xī(统读)
螅 xī(统读)
惜 xī(统读)
锡 xī(统读)
樨 xī(统读)
袭 xí(统读)
檄 xí(统读)
峡 xiá(统读)
暇 xiá(统读)
吓 xià 杀鸡～猴
鲜 xiān 屡见不～ 数见不～
锨 xiān(统读)
纤 xiān～维
涎 xián(统读)
弦 xián(统读)

陷 xiàn(统读)
霰 xiàn(统读)
向 xiàng(统读)
相 xiàng～机行事
淆 xiáo(统读)
哮 xiào(统读)
些 xiē(统读)
颉 xié～颃
携 xié(统读)
偕 xié(统读)
挟 xié(统读)
械 xiè(统读)
馨 xīn(统读)
囟 xìn(统读)
行 xíng 操～　德～　发～　品～
省 xǐng 内～　反～　～亲　不～人事
芎 xiōng(统读)
朽 xiǔ(统读)
宿 xiù 星～　二十八～
煦 xù(统读)
蓿 xu 苜～
癣 xuǎn(统读)
削(一)xuē(文)剥～　～减　瘦～
(二)xiāo(语)切～　～铅笔　～球
穴 xué(统读)
学 xué(统读)
雪 xuě(统读)
血(一)xuè(文)用于复音词及成语，如“贫～”“心～”“呕心沥～”“～泪史”“狗～喷头”等
(二)xiě(语)口语多单用，如“流了点儿～”及几个口语常用词，如：“鸡～”“～晕”“～块子”等
谑 xuè(统读)
寻 xún(统读)
驯 xùn(统读)
逊 xùn(统读)
熏 xùn 煤气～着了
徇 xùn(统读)
殉 xùn(统读)
蕈 xùn(统读)

Y

押 yā(统读)
崖 yá(统读)
哑 yǎ～然失笑
亚 yà(统读)
殷 yān～红
芫 yán～荽
筵 yán(统读)
沿 yán(统读)
焰 yàn(统读)
夭 yāo(统读)
肴 yáo(统读)
杳 yǎo(统读)
舀 yǎo(统读)
钥(一)yào(语)～匙
(二)yuè(文)锁～
曜 yào(统读)
耀 yào(统读)
椰 yē(统读)
噎 yē(统读)
叶 yè～公好龙
曳 yè 弃甲～兵　摇～　～光弹

屹 yì(统读)
轶 yì(统读)
谊 yì(统读)
懿 yì(统读)
诣 yì(统读)
艾 yì 自怨自～
荫yìn(统读)(“树～”“林～道”应作“树阴”“林阴道”)
应(一)yīng～届 ～名儿 ～许 提出的条件他都～了 是我～下来的任务
(二)yìng～承 ～付 ～声 ～时 ～验 ～邀 ～用 ～运 ～征 里～外合
萦 yíng(统读)
映 yìng(统读)
佣 yōng ～工
庸 yōng(统读)
臃 yōng(统读)
壅 yōng(统读)
拥 yōng(统读)
踊 yǒng(统读)
咏 yǒng(统读)
泳 yǒng(统读)
莠 yǒu(统读)
愚 yú(统读)
娱 yú(统读)
愉 yú(统读)
伛 yǔ(统读)
屿 yǔ(统读)
吁 yù 呼～
跃 yuè(统读)
晕(一)yūn～倒 头～
(二)yùn 月～ 血～ ～车
酝 yùn(统读)

Z

匝 zā(统读)
杂 zá(统读)
载(一)zǎi 登～ 记～
(二)zài 搭～ 怨声～道 重～ 装～ ～歌～舞
簪 zān(统读)
咱 zán(统读)
暂 zàn(统读)
凿 záo(统读)
择(一)zé 选～
(二)zhái～不开 ～菜 ～席
贼 zéi(统读)
憎 zēng(统读)
甑 zèng(统读)
喳 zhā 唧唧～～
轧(除“～钢”、“～辊”念 zhá 外，其他都念 yà)(gá 为方言，不审)
摘 zhāi(统读)
粘 zhān ～贴
涨 zhǎng ～落 高～
着(一)zháo～慌 ～急 ～家 ～凉 ～忙 ～迷 ～水 ～雨
(二)zhuó ～落 ～手 ～眼 ～意 ～重 不～边际
(三)zhāo 失～
沼 zhǎo(统读)
召 zhào(统读)
遮 zhē(统读)
蛰 zhé(统读)
辙 zhé(统读)
贞 zhēn(统读)

侦 zhēn(统读)
帧 zhēn(统读)
胗 zhēn(统读)
枕 zhěn(统读)
诊 zhěn(统读)
振 zhèn(统读)
知 zhī(统读)
织 zhī(统读)
脂 zhī(统读)
植 zhí(统读)
殖(一)zhí 繁～　生～　～民
(二)shi 骨～
指 zhǐ(统读)
掷 zhì(统读)
质 zhì(统读)
蛭 zhì(统读)
秩 zhì(统读)
栉 zhì(统读)
炙 zhì(统读)
中 zhōng 人～(人口上唇当中处)
种 zhòng 点～(义同"点播"。动宾结构念 diǎnzhǒng，义为点播种子)
诌 zhōu(统读)
骤 zhòu(统读)
轴 zhòu 大～子戏　压～子
碡 zhou 碌～
烛 zhú(统读)
逐 zhú(统读)
属 zhǔ～望
筑 zhù(统读)
著 zhù 土～
转 zhuǎn 运～
撞 zhuàng(统读)
幢(一)zhuàng 一～楼房
(二)chuáng 经～(佛教所设刻有经咒的石柱)
拙 zhuō(统读)
茁 zhuó(统读)
灼 zhuó(统读)
卓 zhuó(统读)
综 zōng ～合
纵 zòng(统读)
粽 zòng(统读)
镞 zú(统读)
组 zǔ(统读)
钻(一)zuān～探　～孔
(二)zuàn～床　～杆　～具
佐 zuǒ(统读)
唑 zuò(统读)
柞(一)zuò～蚕　～绸
(二)zhà～水(在陕西)
做 zuò(统读)
作(除"～坊"读 zuō 外，其余都读 zuò)

附录七

汉 语 拼 音 方 案

（1957 年 11 月 1 日国务院全体会议第 60 次会议通过）
（1958 年 2 月 11 日第一届全国人民代表大会第五次会议批准）

一、字 母 表

字母	Aa	Bb	Cc	Dd	Ee	Ff	Gg
名称	ㄚ	ㄅㄝ	ㄘㄝ	ㄉㄝ	ㄜ	ㄝㄈ	ㄍㄝ

	Hh	Ii	Jj	Kk	Ll	Mm	Nn
	ㄏㄚ	ㄧ	ㄐㄧㄝ	ㄎㄝ	ㄝㄌ	ㄝㄇ	ㄋㄝ

	Oo	Pp	Qq	Rr	Ss	Tt
	ㄛ	ㄆㄝ	ㄑㄧㄡ	ㄚㄦ	ㄝㄙ	ㄊㄝ

	Uu	Vv	Ww	Xx	Yy	Zz
	ㄨ	ㄪㄝ	ㄨㄚ	ㄒㄧ	ㄧㄚ	ㄗㄝ

v 只用来拼写外来语、少数民族语言和方言。

字母的手写体依照拉丁字母的一般书写习惯。

二、声 母 表

b	p	m	f	d	t	n	l
ㄅ玻	ㄆ坡	ㄇ摸	ㄈ佛	ㄉ得	ㄊ特	ㄋ讷	ㄌ勒

g	k	h	j	q	x
ㄍ哥	ㄎ科	ㄏ喝	ㄐ基	ㄑ欺	ㄒ希

zh	ch	sh	r	z	c	s
ㄓ知	ㄔ蚩	ㄕ诗	ㄖ日	ㄗ资	ㄘ雌	ㄙ思

在给汉字注音的时候，为了使拼式简短，zh ch sh 可以省作 ẑ ĉ ŝ。

三、韵 母 表

	i ㄧ 衣	u ㄨ 乌	ü ㄩ 迂
a ㄚ 啊	ia ㄧㄚ 呀	ua ㄨㄚ 蛙	
o ㄛ 喔		uo ㄨㄛ 窝	
e ㄜ 鹅	ie ㄧㄝ 耶		üe ㄩㄝ 约
ai ㄞ 哀		uai ㄨㄞ 歪	
ei ㄟ 欸		uei ㄨㄟ 威	
ao ㄠ 熬	iao ㄧㄠ 腰		
ou ㄡ 欧	iou ㄧㄡ 忧		
an ㄢ 安	ian ㄧㄢ 烟	uan ㄨㄢ 弯	üan ㄩㄢ 冤
en ㄣ 恩	in ㄧㄣ 因	uen ㄨㄣ 温	ün ㄩㄣ 晕
ang ㄤ 昂	iang ㄧㄤ 央	uang ㄨㄤ 汪	
eng ㄥ 亨的韵母	ing ㄧㄥ 英	ueng ㄨㄥ 翁	
ong （ㄨㄥ）轰的韵母	iong ㄩㄥ 雍		

(1)“知、蚩、诗、日、资、雌、思”等七个音节的韵母用 i，即：知、蚩、诗、日、资、雌、思等字拼作 zhi，chi，shi，ri，zi，ci，si。

(2)韵母儿写成 er，用作韵尾的时候写成 r。例如：“儿童”拼作 ertong，“花儿”拼作 huar。

(3)韵母ㄝ单用的时候写成 ê 。

(4)i 行的韵母，前面没有声母的时候，写成 yi（衣），ya（呀），ye（耶），yao（腰），you（忧），yan（烟），yin（因），yang（央），ying(英)，yong(雍)。

u 行的韵母，前面没有声母的时候，写成 wu(乌)，wa（蛙），wo（窝），wai（歪），wei（威），wan（弯），wen（温），wang（汪），weng(翁)。

ü 行的韵母，前面没有声母的时候，写成 yu(迂)，yue(约)，yuan(冤)，yun(晕)；ü 上两点省略。

ü 行的韵母跟声母 j，q，x 拼的时候，写成 ju(居)，qu(区)，xu(虚)，ü 上两点也省略；但是跟声母 n，l 拼的时候，仍然写成 nü(女)，lü(吕)。

(5)iou，uei，uen 前面加声母的时候，写成 iu，ui，un，例如 niu(牛)，gui(归)，lun（论)。

(6)在给汉字注音的时候，为了使拼式简短，ng 可以省作 ŋ。

四、声调符号

阴平	阳平	上声	去声
ˉ	ˊ	ˇ	ˋ

声调符号标在音节的主要母音上。轻声不标。例如：

妈 mā	麻 má	马 mǎ	骂 mà	吗 ma
（阴平）	（阳平）	（上声）	（去声）	（轻声）

五、隔音符号

a，o，e 开头的音节连接在其他音节后面的时候，如果音节的界限发生混淆，用隔音符号(’)隔开，例如：pi’ao(皮袄)。

后记

本书共分四部分，各部分的编者分别为：

第一部分：赵晴

第二部分：周海兵、杨晓麟

第三部分：范燕生

第四部分：范燕生、杜敏、杨晓麟

范燕生、周海兵作为本书主编负责全书统稿工作。

本书编写过程中，著名播音艺术家雅坤同志、岳斌同志提供了朗读示范；首都师范大学出版社俞斌同志、陈曦同志为本书如期出版付出了辛勤的劳动；北京市语言文字测试中心戈兆一同志参与了审稿工作；安徽科大讯飞信息科技股份有限公司为本书配套制作了网上学习测试卡。在此一并表示衷心的感谢！